台湾研究系列

唐桦 陈超 主编

台湾研究的科学化转向

理论拓展与方法实践

九州出版社
JIUZHOUPRESS

图书在版编目（CIP）数据

台湾研究的科学化转向：理论拓展与方法实践 / 唐桦，陈超主编. -- 北京：九州出版社，2024.3
ISBN 978-7-5225-2785-7

Ⅰ. ①台… Ⅱ. ①唐… ②陈… Ⅲ. ①台湾问题—文集 Ⅳ. ①D618-53

中国国家版本馆CIP数据核字(2024)第070154号

台湾研究的科学化转向：理论拓展与方法实践

作　　者	唐桦　陈超　主编
责任编辑	郝军启
出版发行	九州出版社
地　　址	北京市西城区阜外大街甲 35 号（100037）
发行电话	(010)68992190/3/5/6
网　　址	www.jiuzhoupress.com
印　　刷	北京九州迅驰传媒文化有限公司
开　　本	720 毫米×1020 毫米　16 开
印　　张	11.25
字　　数	206 千字
版　　次	2024 年 6 月第 1 版
印　　次	2024 年 6 月第 1 次印刷
书　　号	ISBN 978-7-5225-2785-7
定　　价	52.00 元

目　录

序（一）：方法、理论与台湾研究

巫永平 [①]

大陆的台湾研究出现了新趋势。标志这个新趋势的不仅是新人加入带来的时间和世代变化，更在于由此而出现的研究范式和研究方法的不同。2018年5月在厦门大学召开的由厦门大学台湾研究院和清华大学台湾研究院联合举办的"两岸治理工作坊"反映了这种变化趋势。本书从会议论文精选出的7篇论文是其中的代表。这次会议除了与会者年轻，还有两个突出特点：一个突出特点是与会者的学科背景多样化，这一特点带来了多元的论文视角，同时也带来了多样化的研究方法；另一个突出特点是论文的规范性提高了。

过去三十多年，中国社会科学研究有了很大变化。规范性的加强是一个显著特征。规范性体现在更加注重研究方法，更加注重理论。这是中国社会科学研究对国际学术界开放的结果，也是与国际社会科学同行交流的结果。但是，规范性提高并不必然导致研究水平的提高。衡量研究水平高低的标志在于对现实的解释力。现在的不少研究，用了似乎"科学"的研究方法，看上去似乎符合规范，也用了别人的理论，但得出的结论要么是常识，让人觉得所做工作多此一举，要么是反常识，与现实相去甚远。

方法和理论是任何研究的基础，恰恰在这两个问题上，当今的社会科学研究存在令人担忧的倾向。

研究方法的不断推陈出新是当今社会科学的一大特征。这体现了社会科

---

① 清华大学公共管理学院教授，副院长。

学的活力，也给社会科学不断带来变化。但如何看待方法与研究对象的关系，是一个值得讨论的问题。研究的目的是要解释研究对象，研究对象是主体。方法只是手段，是工具，是服务于解释研究对象的。方法本身不能替代分析，也无法替代分析。对研究对象的解释永远是研究的主体。但现在的一个趋势是相反的，研究对象沦为方法的工具，成为印证某种方法优越与先进的素材，方法本身成了目的。这种反客为主的做法导致研究为了方法而方法，研究者成为研究方法的操作员。

另一个问题是理论。理论不足和贫乏是我们传统社会科学研究存在的问题。从 20 世纪 80 年代开始，社会科学各个领域的理论开始被大量引入中国，这些理论的引介对于中国社会科学与国际接轨、提高社会科学的研究水平具有重要作用。然而，这里有一个如何对待引进的理论的问题。如果说 80 年代对引进理论采取饥不择食的态度有其现实需要，但如今四十年过去了，我们还停留在依赖引进的理论指导我们的研究的状况，这就是一个很大的问题。任何理论都是根据特定的研究对象提炼出来的，有它的适用对象。任何理论因而都有自己的假设前提。不同的社会构成了这些假设前提的基础。也就是说，不同的社会提供的假设前提是不同的。建立在这些不同假设前提基础上的理论是有特定适用范围的。根据某一假设前提炼出的理论并不一定适用于另外的社会。理论的意义不在于一种理论能够适用于所有社会，而在于通过对该理论所解释的对象总结提炼出来的观点说明了这是一个什么问题，该对象是如何解决这个问题的，这样的解决方法说明了什么。这样的发现有助于人们理解这个问题是否具有普遍性、这样的解决方式是否对其他社会具有启发意义，而不是就假定这个问题一定具有普遍性、这个社会这个问题的解决办法就是唯一的解决办法。其他社会面对同样的问题，只能采取同样的办法解决问题。如果采取这样的态度，我们就会理所当然地把现有理论当成权威，无须辨别就可用来解释其他社会的情况。

今天中国社会科学研究就处于这样的局面。被引进的理论被假定成一定可以解释中国的情况。既然有这么多的理论可以用，我们就放手用和尽情用。结果是，社会科学研究者只是扮演某种理论检验员的角色，用中国的证据去验证各种他人理论的正确性。中国的经验只是扮演证据的角色，充当印证他人理论正确性的素材。

由于种种原因，作为一个有着自己独特历史、文化和传统，也有着自身制度的巨型文明，中国经验长期在国际社会科学研究中没有进入主流视野。这本是现有社会科学理论的一个缺陷，把中国经验纳入社会科学研究应该是弥补这一缺陷的机会。中国经验本来应该对社会科学具有三个意义：中国遇到的问题是否是普遍性问题，这个问题是如何被看待和解决的，这种看法和解决方式说明了什么。其中第二个和第三个意义尤为重要。中国经验通过这三个作用本应能够修正和丰富现有理论，发展人们对这些问题的看法和理解，并进一步提出新的理论，把人们对人类社会的认识带入崭新的境界。但由于我们对他人理论的自我矮化态度，中国的经验并没有产生这样的作用。相对于四十年前，现在的中国社会科学界，研究人数增加了数倍，研究经费今非昔比，产出也不可同日而语，但很难说社会科学有多少发展。衡量的标准是我们仍然在印证他人的理论如何正确和了不起，很少看到根据中国经验提出了什么新的理论，人类对自身的认识由于我们对中国经验的研究有了什么新的进展。我们的社会科学研究在很大程度上只是美欧社会科学的延伸甚至注脚。陷入这种状况而不自知，进而满足于这种状况，才是令人担忧的。这种认知和心态，决定了今天社会科学研究的平庸化状况。

现今中国的社会科学界存在两个傲慢。一个是方法的傲慢，以为只要采用了哪一种自认为先进的方法，就能解释现实。一个是理论的傲慢，认定只要借用一种他人的理论，就掌握了现实的解释权。这两个傲慢的背后是对真实世界的傲慢，用方法和理论替代了对真实世界的了解和分析。在两个傲慢之下，研究者失去了自身的主体性，成为方法的操作员，成为他人理论的检验员。确立研究者的主体身份，确立中国经验的主体性，是我们的社会科学研究亟待解决的问题。

在这样的大背景下，台湾研究领域难免也存在这样的问题。作为台湾研究的新生力量，年轻学者如果能意识到并有意克服这些问题，就有可能做出真正有解释力的研究，提出真知灼见，为台湾研究做出新一代人自己的贡献，把我们的台湾研究水平提上去。这其实也是海峡两岸研究界面临的共同挑战。

序（二）：推动台湾研究成为政策性和
学术性兼备的学科

祁冬涛 [①]

如果从我读博士时算起，我在海外从事台湾研究已经超过十年。十年多的时间对于一个学者来说已经不短，但直到我受邀参加首届"两岸治理研究工作坊"，才意识到这竟然是我首次参加国内的台湾研究学术会议。因为一直在海外工作，也一直主要以英文写作，参加的学术活动也都是在海外，虽然经常读国内学者的作品，但对国内的学术活动仍然有层隔膜，甚至还有些误解和偏见。当工作坊结束时，我带着满足和喜悦的心情，由衷地为本书高水平论文的作者，为自由、严谨、深入的评论和讨论，为公正公平的评奖程序，为新、老朋友之间的学术情谊而热烈鼓掌。我感觉自己加入了一个优秀而亲切的小学术共同体，愿意和大家一起推动国内的台湾研究。所以，当工作坊组织者邀请我为论文集写序时，我虽然自知从各方面讲自己都缺乏写序的资格，但还是怀着感恩的心情答应下来，把这篇小序看作与国内同仁交流想法的好机会。

几乎所有的社会科学学科都试图平衡好研究的政策性和学术性之间的关系。对于学术研究上这对有时相辅有时又相对的两大特征或要求，人们还会用实用性和理论性，或者大众化和专业化等概念来概括。政策性研究往往实用性更强，而且容易被大众所理解和讨论；相对地，学术性研究往往理论性

① 新加坡国立大学东亚研究所研究员。

更强，而且通常仅限于被相关领域的专家所理解和讨论。理论上说研究的政策性和学术性可以兼具，而且应该是学者们追求的目标，但现实来看，要平衡好这两大特征非常困难，所以一个学科内部往往会出现自然分工：有的学者专注于政策性研究，有的则以学术性研究见长。

　　二战结束以后，当西方社会科学研究正经历快速专业化的时候，中国的学术研究侧重于为政府服务，结果是西方和中国的社会科学研究之间逐渐形成一个很大的差异：西方社会科学研究因过度专业化而造成学术性极强但政策和实用性相对不足，中国的学术研究则政策性更强而学术性相对不足。2013年，轰动美国学术界的一件大事，是美国联邦政府的国家科学基金会（National Science Foundation）取消了该年秋季对政治学项目的全部资助，因为美国国会修改了相关规定，要求基金会只能资助有利于国家安全和经济发展的项目。事实上，美国政治学长期以来一直遭到一些国会议员的强烈批评，认为政治学的很多研究对国家和社会没有什么帮助，是在浪费纳税人的钱。国会对研究资助规定的修改，证明了多数议员开始对社会科学的过度学术性持反对立场。美国政治学家们当然群起反驳对自己的指责，但最近几年在美国高校学者内部也开始出现了自我批评的声音，认为高校学者的很多研究确实是象牙塔内部的精英游戏，与社会的联系越来越弱，学术研究和政府以及大众所关心的问题越来越不相干。学者们也看到，这是社会科学研究过度专业化带来的一种后果：学者们因为受专业化程度越来越高的学术评价标准的驱使，从研究领域、研究问题，到研究方法和写作风格等，都倾向于更突出学术性、理论性、专业性，相应地忽略研究的政策性、实用性和大众普及性。

　　如果说西方（尤其是美国）社会科学界的面临的挑战是专业化过度，那么中国社会科学界的挑战则是专业化不足。学界通过各个领域的政策性研究为中国的高速发展做出重大贡献，这是个应该保留的好传统。但另一方面，学术性和专业化程度不足的问题也应该得到重视。台湾研究就是个非常典型的例子。台湾问题因为极其特殊的重要性和敏感性，长期以来都是国家重大的政策性和实用性研究课题。换句话说，台湾问题在国内是个需要通过政策来解决的重大现实问题，不是一个纯粹的学术问题。所以，大陆对台湾的研究天然地具有政策性和实用性。政策性和实用性是台湾研究的核心，而对台湾的学术性和专业性研究则处于外围，并且要服务于通过政策来最终解决现实的台湾问题。国内的台湾学界长期以来遵循这样的思路，而且也确实对两岸关系的和平稳定发展做出很大贡献。

2005年，国内台湾学界的老前辈陈孔立老师出版了《台湾学导论》，根据自己长期从事台湾研究的经验和取得的成果，呼吁建立学术性更强的台湾学，并身体力行地通过自己的这本著作来搭建台湾学框架。近十五年过去了，国内的台湾研究，包括政策性研究和学术性研究，都已经取得了长足进展，但比较纯粹的学术性研究仍然处在相对外围的位置，而将学术性和政策性融为一体的研究尤其稀少。我因为长期在海外的一所智库工作，也曾在国内的高校智库工作过一段时间，对于综合和平衡研究的学术性和政策性所遇到的困难深有体会。这种综合和平衡工作不仅对学者的素质要求更高、更全面，而且面临着越来越专业化的学术评价标准的压力。美国作为一个智库大国，政策性研究主要由智库学者提供，而高校学者主要提供学术性研究，这两类学者之间基本上是泾渭分明，而且关系并不融洽。高校学者批评智库学者的研究专业化程度和科学性不足，而且往往立场先行，违背了科学研究价值立场中立的原则；而智库学者则批评高校学者过度专业化和学术化，与社会脱节，学术研究成为象牙塔内部的精英游戏。近几年，美国、澳大利亚等国的高校学者开始对智库学者逐渐取得公共话语权的优势感到忧虑，认为高校学者逐渐丧失话语权后，政府和社会将变得越来越偏激和动荡。如果要重新夺回话语权，高校学者就需要走出象牙塔，以学术性和政策性兼具的研究成果来影响政府和社会。

国内近几年正经历"智库热"，国家通过各种方式来扶持各类型智库的发展，高校因其天然的人才和研究资源优势成为发展智库的重要机构，台湾研究机构也面临着大发展的机遇。但另一方面，在发展台湾研究机构的智库功能时再次面临综合与平衡政策性与学术性的挑战：如何进一步推动学术性台湾研究的发展？如何推动政策性研究和学术性研究的整合，而不是变成像美国那样，政策性研究者和学术性研究者互相批评？在我看来，首届"两岸治理工作坊"是厦门大学台湾研究院和清华大学台湾研究院共同针对这些问题进行的积极而有益的尝试。读者朋友们马上要读到的这几篇论文，是来自于不同学科的年轻学者的作品。正如陈孔立老师一直积极提倡的，对台湾要进行多学科研究，让台湾成为经济学、政治学、社会学、人类学、历史学等众多学科的研究主题，只有这样才能对台湾形成全面而深入的理解，基于这种理解而形成的涉台政策也才能更加科学、有效。本论文集的作者们基于本学科的专业化训练，用本学科的主流方法对涉及台湾的不同领域的重要问题进行了全面深入的研究，每一篇都表现出相当强的学术性、专业性和理论性。另一方面，工作坊上的激烈讨论也表明，这些论文在政策性、实用性和普及性等方面要相对弱一些，是作者们今后努力的方向。

衷心祝愿"两岸治理工作坊"能够继续办下去，持续为推动学术性和政策性兼备的台湾研究做出自己的独特贡献！

序（三）：台湾研究的知识困境

王　华 ①

　　大陆的台湾研究领域具有明显的现实关切，在有关台湾和两岸关系问题的信息搜集、动态跟踪、情势研判过程中着力贯彻了"行"的宗旨。然而，一旦根植于以学科为基本单元的大学系统，台湾研究也难免与"知"的范畴产生关联，表现出知识发现与应用的可能性乃至必要性。② 而不容忽视的是，台湾研究领域仍然面临诸多体制性障碍，严重影响其知识发现与应用的效率以及现实指导价值的发挥。

台湾研究的知识属性及其困境

　　台湾研究固然不具备纯粹的学科属性，但也与通常意义上的区域（或国别）研究存在很大不同。一方面，由大陆发起的台湾研究，必然在两岸围绕统"独"立场的攻守角力中表达出明确的行动诉求；而不论是"谋定而后动"，还是"不战而屈人之兵"，都要求对台湾的政治、经济、社会、文化等各个方面有所深刻体察，以稳健认知服务于有效行动。尤其在大陆确立"和平统一"长期方略之后，针对台湾岛内的民意变迁、社会参与、族群冲突等中微观层面议题的关注陡然提升，这些在中国传统学术体系当中鲜少获得正视，对其加以充分探究与直面呈现，可望极大扩展相关领域的知识边界。另一方面，两岸同文同源而中道分流，并逐渐演化出各具特色的社会样貌。针对当代中国的一项沉重课题——传统中国如何步入现代化进程，这不啻为一场重大的社会实验；此中虽然存在繁多干扰因素，但仍然可以为中国未来的社会发展提供重要镜鉴。当今时代全球秩序正面临重构，中国崛起与东亚文明复兴备受瞩目，上述领域的研究也正逢其时，对于东亚文明的自省自新同样可以发挥鲜明的指示作用。基于以上讨论，台湾研究领域的知识发现功能真实存在且极具潜力。

言及"知识"，除了上述所谓知识发现的意涵之外，对于既有知识的验证和应用也是应有之义。[①] 实际上，台湾研究领域确实在不断引入主流学科的知识系统，以求提升其研究效能；例如将政治学科相关理论应用于分析台湾地区的政治环境变迁、政党文化、选举制度、社会运动等，将经济学科相关理论应用于分析台湾地区的经济发展得失、规划两岸经济关系发展与制度性一体化路径、针对大陆台资企业的经营动态设计相应的支持或引导政策，将社会学相关理论应用于分析大陆台商、台青的社会融入问题，将新闻传播学相关理论应用于分析台湾岛内的舆论传播机制和受众认知机制，等等。与此同时，大陆在各个时期确立的对台工作方针，也往往会根据学界对于台湾局势及其社情民意的研判而做出相应调整，从而呈现"行"与"知"的互馈关系。例如初期的"以经促政"方略，颇有对"经济基础决定上层建筑"这一历史唯物主义基本原理的实践意味；待认识到既有惠台政策效力之于台湾社会各阶层的渗透有限性，所谓"三中一青"政策呼之而出；及至两岸官方交流中断，基于对两岸经济互赖格局以及两岸民间交流成效的认知，经济社会融合发展方略又得以出台。

虽然台湾研究在两岸关系发展实践中发挥了一定的指导效能，但其知识应用的效果并不能以成功定论。首先，任何知识的生成都有其特定的时空背景，在知识移植过程中必须对其跨时空的适用性保持审慎态度。而主流学科知识（理论）之于台湾研究领域的应用，其适用性若不经证伪，最多只能为台湾研究提供"盲目的信心"；而一旦被证伪，则连起码的信心也将不存。

---

① 鉴于两岸关系的问题实质，本文的分析主要限于社会科学领域，暂不涉及自然科学与人文学科。

严谨的做法当然是对主流学科知识的应用前提（理论假设）进行考证，并做必要之改造。但当前所谓的"主流"学科大多以西方世界为蓝本，与决定中国社会运行（乃至影响两岸关系发展）的底层逻辑未必能够兼容，尤其不能处理中国文化中的很多默会知识，其前提改造的可行性与可靠性因而成疑。实际上，台湾研究领域的知识应用时常表现出机会主义的痕迹，对于相关（主流）知识合则用之，不合则以经验代之，有效性还难有保障。而与此相对的是，海峡对岸的台湾当局同样也会谋求应用特定知识于政策操作，以强化其目标定位，并消解来自大陆方面的行动压力——例如国民党当局首开民主化进程并最终营造出自以为相对于大陆的"民主制高点"，民进党当局频出"去中国化"动作以促成新的"想象的共同体"——这些更对大陆在台湾研究与实践中的知识应用效果提出紧迫要求。

　　台湾研究领域的知识发现成果更加不容乐观。具体到有关两岸关系的各个问题领域，目前能被显性认知，且得到公认的成型知识仍然非常稀缺。例如，台湾社会围绕个人与社会、民众与政府、社群与国家等诸多理念的认知变迁，其潜在的客观作用机制如何，对于大陆的现代化转型又具有怎样的借鉴意义？"台独"意识形态与中华文化主体性之间具有怎样的分合基础？台湾选举政治中暴露出的"民主弊端"隐含着怎样的群体心理机制，是否预示着大中华文化圈（乃至东亚儒家文化圈）政治体制演化路径的特殊性？台湾经济发展能否（或者能在多大程度上）印证"东亚奇迹"？以经济全球化和反全球化的背景观之，两岸经贸关系的发展路径在符合整体规律与体现独有特征之间，具有何种潜在的统合机制，其未来演化趋势如何？既然同文同种，台商为什么未能真正融入大陆社会（市场），为什么会有"融入""融合"之说？对于这些问题乃至更为直观的两岸形势和岛内动态，学界虽然在长期跟踪研究中获得了较为丰富的基础资料，可据以做出清晰且相对自洽的解读和研判，但这种解读研判既难免先入为主的"唯立场论"，又往往悬浮于经验层面而缺少对其中概念体系与逻辑框架的严谨解析，至多凝炼成业内常识（共识），或者沉淀成为心照不宣的默会知识。[①]

　　作为儒家哲学中一对根本性的范畴，"知"与"行"的孰先孰后、孰易孰难，自古即争论未休。在西方社会科学知识体系引入中国后，关于"知"的

――――――――
① 默会知识本身并无所谓优劣，但单纯就台湾研究而言，显性知识才更具可延展性与可实践性。

理解与贯彻才逐渐具有外显的依循标准，但仍然时常陷于理性主义与经验主义的摇摆当中而不知为"橘"为"枳"。当"行"的实践主体由个人提升至群体和国家层面，其作用不能立竿见影，对于"知"的映像和指导效能自然更具有迫切需求。就台湾研究而言，其知识发现和应用效能不彰的负面后果因此也不言而喻。笔者将此界定为台湾研究的"知识困境"，并强调其之所以形成的体制性因素，以下尝试从台湾研究（成果）的"市场"供需均衡角度切入加以阐述。

台湾研究的"市场需求"

出于两岸关系实践或学术发展的需要，大陆的台湾研究面对多种类型的"市场需求"主体，不同主体对于台湾研究成果的内容需求也各有差异。

首先，与对台工作相关的各级政府部门，作为推动两岸关系发展的实践主体，对于台湾研究具有直接的信息需求；这为台湾研究发挥其更广泛的实践价值提供了一条可行渠道，但相关信息需求并不等于知识需求。对于中央层级的政府部门而言，从制定宏观政策方针的目标着手，需要台湾研究学界提供尽可能及时、全面的情势分析与深刻、周到的政策建议。准确有效的情势分析与政策建议当然应该建立在台湾研究领域所能生成的可靠知识基础之上，但由后者到前者的推理过程却并非政府部门所必然关注。对于地方政府部门而言，从有效执行中央政策的目标着手，对台湾研究领域的需求更倾向于具有可操作性的措施建议，以及在政策执行过程中可能存在的问题揭示，至于台湾研究的知识发现与否则更加不在关注范围之内。更进一步的问题在于，台湾研究学界的这种信息传输往往是单向的，政府部门并不负有必然反馈之责，以至于由知识而行动（政策）的推演合理性与有效性无法得到直观检验，因而也就无助于形成台湾研究领域知识发现和应用效能的自我激励和强化机制。

其次，随着社会发展与国力强盛，普罗大众对于台湾问题的兴趣日起，新闻媒体有动力围绕两岸关系的发展动态进行议题设置，因此也对台湾研究领域的信息输出有所需求，但这种信息需求仍然不等于知识需求。台湾研究学者固然可以利用新闻媒体所提供的平台对公众发声，进行有关台湾问题的科普宣导，存在一定程度的知识传播可能性；但同时又会受到这种信息媒介的形式限制，面临预设立场、选择性论述、时间碎片化、思辨性缺失、交流滞后等多方面制约，最终严重损耗信息传输的知识含量。即使采用自媒体渠道，学者们得以获得表达系统观点的自如空间，其知识传播效果仍然是不确定的。尤其在当下民粹主义盛行的网络语境下，但凡针对台湾问题的批判性、否定性论述往往易于收获拥趸，而自省性、思辨性论述却难以迎合受众的心理预期，甚至会遭受无端攻击。此种情境下，台湾研究之于新闻媒体与自媒体的功能定位，颇具"逆向知识塑造"的意味，反而对台湾研究领域知识发现的客观进程造成障碍。因此，新闻媒体对于台湾研究的知识需求效果也难言可观。

再次，主流学科出版的学术刊物作为前沿学术成果的发表平台，也是台湾研究成果的一个可期待的"市场"流向；就其所处的学术评价制度环境而言，台湾研究主体也确实具有在主流刊物发表原创研究成果的动力。然而就主流刊物的立场而论，却未必会对台湾研究成果给予热情的需求回应。一方面，资料采集与分析技术的持续进步，逐渐为社会科学领域发展以大样本检验探求通则式因果律的研究范式铺平道路；此时针对单一对象（或小样本）的区域研究，若证实相关因果律（一般化理论）固然不足为意，即使发掘出可资证伪的异例，也不过是在通则之上提出将一般化理论予以特殊化改造的次要课题，同样无关宏旨。台湾研究自不例外，其在追求关照全球、全人类的行为科学研究的宏观图景映衬之下，影响权重实在相形见绌，难免为人轻视。[①]另一方面，台湾研究因涉及明确的国家诉求，任何研究成果的现实意涵都不可不察，是否便于公开发布更不可不慎；否则轻而自曝知行不一之短，重则就有充当"花剌子模信使"的危险了。

最后，台湾研究领域本身的学术共同体，似乎已成仅有的可供知识激荡的场域了。但这里所谓的"学术共同体"，除大学机构和半官方性质学术机构（如社科院系统）中为数不多的专任研究人员外，更多则为基于问题导向（甚至任务导向）而短期涉入的跨域学者；规模既小，成分又杂，其对该领域知识属性的重视程度仍远远不足。台湾研究领域最活跃的成果发表和交流平台当属由官方、半官方或学术机构举办的有关两岸议题的诸多研讨会；由两岸高频动态所导引，这类研讨会的议题设置多集中于政策研读与形势判断，研

---

① 此处旨在呈现社会科学演化的一种客观趋势，至于其中的利弊得失，不在讨论范围之内。

讨内容也往往流于与会者的观点表达和政策主张，至于严格意义上的研究成果（尤其是实证研究类成果）的发表与批评、研究方法论的探讨等则非常鲜见，根本无助于廓清并拓展台湾研究的既有知识边界。至于台湾研究类专业刊物，数量自然有限，其中同行评议类学术性刊物又更稀缺，由于缺乏规模效应，其对台湾研究领域知识创新进程的激励和强化作用难以有效发挥；即使不能以生存艰困论，所能实现的去芜存菁、汰劣选优的示范与引领效果也极有限。

总体而论，台湾研究的知识输出本身并不受"市场"重视。各方需求主体虽然在显意识甚至潜意识中都不否认知识之于行动的重要性，但具体到对台湾研究的知识索取时却往往显得漫不经心（或者也可理解为不得要领）；虽然有求"知"欲，但又缺乏在"知其然"之外愿意"知其所以然""知其所必然"的自觉与耐心。

台湾研究的"生产供给"

与前述"市场需求"侧的情形相呼应，在台湾研究的"生产供给"侧，同样存在诸多不利于知识发现与应用的基本面因素。

首先，就台湾研究的"生产主体"而言，其当下的规模还非常有限。虽然围绕两岸关系的热点事件频发，似乎足以推动台湾研究成为显学，但由其区域问题研究的性质决定，在各类学术机构中的专任研究者（或长期关注者）并不多见，再细分到各个专业则更加稀少。"麻雀虽小，五脏俱全"，台湾岛内（实际还远不止于岛内）事关两岸关系发展的因素繁多而易变，以研究主体的有限规模，专门针对两岸关系动态进行实时跟踪尚称可为，要对台湾岛内社会经济发展的方方面面加以持续、系统、深刻体察则实难着力；日常研究中对于台湾问题的议题覆盖面已然不足，有效的专业分工更是无从谈起——更有甚者，该领域还存在普遍的逆分工与跨专业质论的现象。对于任何议题的掘进深度不足，以现代社会科学标准认定的知识生产自然难以实现。在当前阶段，任何（有意于）从事台湾研究的新生力量必然来源于主流学科，但鉴于前文已有述及的台湾问题在一般化社会科学理论建构中的边缘地位，本领域对于主流学科的吸引力还相当有限，人力资本积累的难度因而较大，由此也更加剧了台湾研究与主流学科的相对隔绝状态。

　　其次，就台湾研究的"生产原料"而言，在必需的丰裕程度方面也颇不乐观。受限于两岸关系的特殊性，大陆学者入台调研面临诸多限制，对于台湾基本面的资料搜集始终难以到位；单纯地隔岸观"火"，又显然无法满足深入研究的资料需求。而即使是针对大陆的相关活动，适用的数据资料也非常欠缺。以大陆台资企业的经营活动为例，目前由相关部门（如商务部、国台办等）公布的例行数据仅有合同、实际利用台资项目数、金额，统计范畴已然较窄，统计口径也不透明；关于台资企业日常经营情况的数据资料则散见于其他诸多业务部门，缺乏必要的协调与统合，适用性较差。作为两岸经贸交流的最大微观主体，台资企业（台商）已成为大陆开展对台工作的重要"资产"，但忽视对于该资产的"数目字管理"，反而使其成为学术研究无法直面观测的一大"黑箱"。毋庸讳言，社会科学研究的数据导向已成一大潮流，但凡基础数据丰裕之领域，必能滋养众多以因果机制检验为目标的实证类研究，催生批量研究成果；反之，若基础数据不易获取，可资利用的数据零散、稀疏，则意味着流行的因果建构理论模式与经验检验量化方法难有用武之地，对于主流学科难免缺乏必要的吸引力；这也正是台湾研究被日益边缘化的重要原因所在。

　　再次，就台湾研究的"市场定位"而言，该学术共同体的价值导向还存在明显分异。台湾研究主体本身规模有限，且构成又较为复杂，彼此在学术价值观、理论范式、方法论传统乃至评价标准采认等各个方面皆有重大差异，以"学术共同体"论之已多有牵强，内部有效竞争机制的建立自然难能可观，无法形成有效导向知识发现的共同价值观。主流学科的涉入虽然未必可以立竿见影地启动台湾研究领域的知识发现进程，但前者的有限涉入（甚至是不涉入）却势必造成后者竞争激励机制的更加弱化。实际上，即使是大学机构的专任研究人员，也往往在台湾研究的学术性与实用性之间踌躇不定，无法形成持续内洽、良性循环的自我评价和激励体系；该领域已经更多表现出实用主义的价值取向，普遍强调学以致用，以能解决现实问题作为研究价值的评定标准，近乎主动放弃在知识生产层面的企图心。在日常研究中，推崇一时一域的具体问题具体分析，习惯居于宏观决策者的立场进行情势研判与制度建构，对于事物运行的底层逻辑（如微观主体的决策和行为机制）则思虑不多、语焉不详，更无意于将研究成果提炼成为符合形式逻辑和具有广泛适用性的一般性命题。

最后，就台湾研究的"生产技术"而言，在学术生产流程的各个环节，也缺乏有助于知识发现和应用的可靠方法论支撑。在研究选题环节，研究议题的演化缺乏时间轴上的连续性和概念结构的延展性，往往随着两岸动态和热点而轻易变换，导致同一领域研究人员在短时期内的选题重叠度过高，而任一选题所能获得的持续关注度又往往不够，其间可能隐含的深刻意义难以被有效挖掘。在资料采集环节，虽然广泛开展田野调查，但大多以探索性的重点调查为主，调查过程的科学性与代表性无从保障，据此扩充经验、"管中窥豹"尚可，若要以点代面得出全局性认识则会陷于武断而有失严谨；至于以预设命题的确证检验为起点的调研设计则比较鲜见。在资料分析环节，对于调研资料的深度挖掘与加工方法还未得到普遍采用，大多停留于经验层面的直观描述和意义提取，较少关注具象资料与抽象概念之间的意义关联以及纯粹概念之间因果机制的学理建构。在成果传播环节，强调以向政府部门提供政策建言作为研究宗旨，将政府采纳视为研究价值的实现，至于各项政策建言是否具有潜在的合理性、有效性与可行性，却缺乏学术共同体内部的"自我"评价标准。

以上分析当然并非事实之全部，但留给知识生产与创新的空间确实不多。就"学术"范畴而论，台湾研究领域更强调"术"，却轻视"学"，因此难免有百多年前梁启超即已论及的"学混于术"和"离学言术"之弊。[①] 若不能从大量释出问题的两岸关系论域发掘出具有稳健性的客观规律（理论或知识体系），不能从政策建言过程中提炼出可供重复操作的实践模式，单纯以学术之名而行解决社会实际问题的努力恐也终将难有成效。

台湾研究的"供需均衡"机制

台湾研究领域的市场需求主体固然不重视其知识生产与应用效能，生产供给主体同样有意无意地排斥了知识生产与创新的可能空间。受两岸问题的公权力主导与学术研究的实用主义导向的联合支配，在有关台湾研究成果"市

---

①　梁启超于 1911 年发表《学与术》，认为："学者术之体，术者学之用……我国之敝，其一则学与术相混，其二则学与术相离。学混于术，则往往为一时私见所蔽，不能忠实以考求原理原则……离学言术，故有如今之言新政者，徒袭取他人之名称，朝颁一章程，暮设一局所，曾不知其所应用者为何原则，徒治丝而棼之也。"其言也昭昭，于今犹然未虚。

场交易"的两方主体中，需求方常常更具话语权（同时还掌控资源配置权），更有能力直接介入台湾研究的生产过程，既表达明确的信息需求，又给予必要的资源支持。这种介入在很大程度上强化了实用主义取向在台湾研究选题、资源配置和成果产出等方面的不良影响。两相配合下，在其所能达到的供需均衡格局中，台湾研究的知识困境俨然成形。

市场主体的强烈需求表达首先会影响到台湾研究学术生产的流程设置。以经济学研究为例，完整的研究流程大体可包括事实发现—文献批评—理论建构—（量化研究）工具开发—经验检验—结论演绎（对策建议）等环节——参照产业价值链概念，可以将该流程同样理解为"学术价值链"，其中的每个环节都具有其相应的学术价值（或知识附加值），也即进行一般化推广、对既有知识加以拓展的可能性。与产业价值链所表现出的"微笑曲线"形态恰好相反，学术价值链中处于上游的"事实发现"与处于下游的"对策建议"环节，由于缺乏一般化意义，知识附加值往往较低；处于中游的"理论建构"和"工具开发"环节则极具普适性价值，知识附加值因而最高；整个曲线的形态酷似哭泣的嘴形，不妨以"哭泣曲线"来命名之（如图1所示）。[1] 正常情况下，经济学者们会根据不同环节的知识创新潜力进行相应的精力配置，从而形成"术业有专攻"的细化分工格局；而对实用价值的追求激励，则使得台湾研究领域的研究流程往往直接从事实发现跳跃到对策建议环节，中间可能实现知识发现功能的环节反而被忽略，研究成果因而丧失应有的厚度。

市场主体的大量资源（主要体现为研究经费）给付同样会影响台湾研究学术生产的精力配置。在任何学术研究中，时间投入和资源投入都是两种必要的生产要素，但对于来自市场需求主体的资源竞争（及其后期的使用）过程本身又须消耗时间，势必对用于学术研究的时间投入发生挤占。鉴于时间要素的稀缺性、资源要素的相对充裕性以及二者边际生产率的递减趋势，学者们在用于直接学术研究的时间投入和用于获取资源的时间消耗之间，实际存在一个最佳配置比例的问题。若消耗少量时间以获取必要资源来辅助学术研究的开展，可以对学术产出（质量）产生促进作用；但当用于获取资源的时间消耗过多，学术时间投入相对不足，资源投入的边际产出增加不足以弥

---

[1]   关于"哭泣曲线"以及下文的"学术 Kuznets 曲线"，笔者曾有另文详细说明。具体可参见《再论两岸经贸关系研究的范式方法暨实用主义经济学批判》，载于《海峡两岸经济周期协动性研究》，厦门大学出版社 2014 年版。

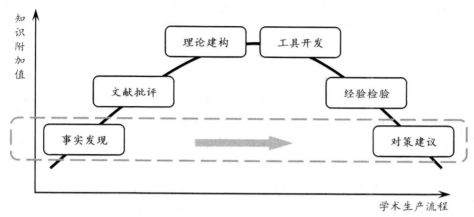

图 1　经济学研究学术价值链（哭泣曲线）

补学术时间减少所造成的边际产出损失，此时过量的资源投入就会对学术产出（质量）产生损害作用。资源投入与学术产出之间的这种非线性关系，可表示为图 2 中的倒 U 形曲线（可称之为"学术 Kuznets 曲线"）。台湾研究领域当前面临的实际状况，恰恰在于市场需求主体的资源给付过量，过度激发了生产供给主体的资源获取与消耗冲动，反而影响了学术研究本身的精力投注，也造成整体学术氛围的淡化。

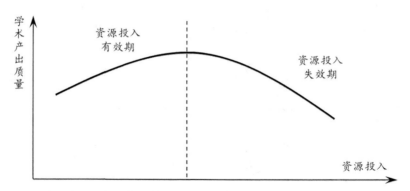

图 2　资源投入对于学术产出质量的非线性影响（学术 Kuznets 曲线）

在需求主体主导和实用主义导向下，台湾研究的生产供给不具有较高的技术壁垒（学术产出质量与知识附加值），较小的资源激励即可促成较大的产出增加，也即经济学中所谓的供给价格弹性处于较高水平。另一方面，台湾研究的市场需求虽然总体规模可观，但却潜在地受到两岸关系走向与体制架构的影响，存在"硬性"需求边界，同时在预算方面又较少约束，因而表现出较低水平的需求价格弹性。两方的供需均衡状态可如图 3 所示，更多表现出买方市场的特征。此时，如果外部条件造成市场需求规模增加（需求曲线右移），市场均衡转换结果是交易量显著增加，而价格却无明显变化；如果外部条件造成生产供给规模增加（供给曲线右移），市场均衡转换结果则是交易价格显著下降，交易量却无明显变化。虽然此处的分析以同质性产品为前提假定，但市场交易价格的变动往往会对后续生产供给的质量水平有所导引。正因如此，在现实的台湾研究领域，众多研究主体随着两岸关系议题的热度提升而不断涌入，但结果反而造成台湾研究学术产出质量（知识附加值）的更加下滑（这正符合上述分析中的后一种情况）。更有甚者，台湾研究学术成果的供需均衡在"以低质换高产"的自循环路径上不断逆向选择，使问题的严重性愈益加重！

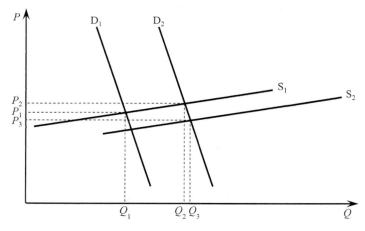

D：市场需求；S：生产供给

P：成交价格；Q：成交数量

图 3　台湾研究的市场均衡及其转换路径

台湾研究领域的市场交易主动权（学术评价话语权）让渡于需求方，这使得该领域的学术共同体无以建构；对研究成果不存在严格意义上的市场筛选与淘汰，高知识含量的成果难以从中胜出，导致研究主体更加丧失知识发现与创新的内生动力。而台湾研究成果即使是服务于实用性很强的制度设计与政策实施，也因为对两岸关系潜在机制的认知不深刻、不稳健，导致在针对两岸关系现状及未来发展趋势的把控上容易陷入机会主义而彷徨无依，对于重大突发事件（其中往往隐含必然性）则普遍后知后觉而应对失机失据；同时又时常陷于西方理论和话语体系之囹圄，难以发挥更符合本土实情的理念意象以与之抗衡。

并非结语

大陆的台湾研究在知识生产与应用方面面临困境，这既有其当下的体制性原因，更有中国传统学术伦理的潜在作用。在国力日盛的今天，国人似乎更有信心重拾传统以抗拒外来之不利影响，但在具体的学术研究中却又陷于对西方学科范式的"迎""拒"两难——毕竟，从不曾生长出现代（社会）科学知识体系的中国学术传统中，很难发掘出可供建立中国本土（社会）科学体系的自在基因。如何缓解实用主义学术观无孔不入的渗透影响，如何界定学术与政治的关系与边界，如何导出"知"与"行"的长效互馈社会系统？这些问题既可针对大陆学术机构中所有学科提出，于台湾研究领域更有生动素材可资品味。在此意义上，唐桦博士与陈超博士编纂的论文集正逢其时，具体呈现了台湾问题（两岸关系问题）趋向学理研究的积极范本，对于本域知识困境的突破，其长远价值值得期待。

前言：传统与新声

唐桦　陈超

一、缘起

2018 年 5 月 25—27 日，由厦门大学台湾研究院与清华大学台湾研究院联合发起并轮流主办的首届"两岸治理研究工作坊"在厦门召开。该会议秉承三项基本宗旨：为挖掘台湾经验的理论价值提供平台、为培养涉台研究的青年人才提供资源、为推动国内学界参与国际对话搭建桥梁。这次工作坊是两岸青年学者针对当前大陆涉台研究现状所进行的有益尝试。

根据我们的观察，当前大陆的涉台研究主要存在以下几个特征：

首先，在研究范式上，政策导向重于学术导向。诚然，解决台湾问题，实现祖国的统一是实现中华民族伟大复兴的关键所在。台湾研究的特殊性，在大陆涉台领域中政策导向性的研究是十分重要且十分必要的。但是，台湾地区的发展经验以及两岸之间互动的过程在世界各地发展的历史上都呈现出别具一格的特征，涉台研究本身蕴藏着巨大的理论挖掘的潜质。有鉴于此，在为国家发展和祖国统一进行政策研究的同时，也需要基于这样的经验做出更具有理论导向和学术导向的研究。然而，当前可见的状况是，更多人把精力投入政策研究，而较少人把精力投入基础理论的研究上。

其次，在理论视角上，强调单一视角，缺乏交叉学科的研究。从当前大陆涉台研究机构的人员构成和教育背景来看，主要集中于政治学、历史学等单一学科领域。厦门大学台湾研究院现设政治、经济、历史、文学、法律、两岸关系等六个研究所，学科门类最全，研究范围最广。然而，当我们翻阅近十年大陆两本最重要的涉台研究杂志《台湾研究集刊》和《台湾研究》，以及厦门大学台湾研究院近五年毕业的硕博士论文，不难发现大部分的文章都是基于自身学科出发的研究。但是从学科发展角度来看，政治社会学、经济社会学、政治经济学、历史社会学等交叉学科蓬勃发展已有数十年的历史，近年来大陆学术界也掀起潮流。遗憾的是，这种学科发展的浪潮，还没有体现在大陆涉台领域的研究中。

再次，在研究议题上，研究政治现象多于研究社会议题。厦门大学台湾研究院成立于 1980 年 7 月 9 日，是海内外最早公开成立的台湾研究学术机构。如果以此作为涉台学术研究的起点的话，迄今为止，已经过去近 40 年。涉台研究领域的学者在过去的 40 年更多地关注台湾地区的选举制度、政党制度和行政机构等核心政治学议题。当前岛内的复杂形势为我们提供的基本事实是，台湾的任何政治问题都与其当地的族群、宗教、教育等社会议题密不可分。对于社会议题的研究深度又与我方做好台湾人民工作、争取台湾民心对台方针的落实有着密切的关联度。过往着重政治核心议题的研究，使得我们对于社会议题的关注无论是从研究人员的研究队伍还是学术成果上，都处于较为匮乏的状态。

最后，在研究方法上，着重传统方法，缺乏前沿科学方法的应用。近十年来，随着技术特别是互联网技术的发展，社会科学领域研究方法也得到突飞猛进的发展。同时伴随海外留学生大规模回来将最新的社会科学研究方法带回。无论国内还是国外主流的政治学、经济学、社会学的主流核心期刊上，对于计量的方法，对于计算机大数据的应用已经屡见不鲜。在研究方法这个领域，大陆涉台研究机构在教育质量上较为匮乏，培养的硕博士生也常因方法技能的缺乏，难以同主流学科的同辈群体进行深入有效的对话。这样不仅影响了年轻人自身的发展，也限制了整个学科的发展空间。

以上四点既是大陆涉台研究的基本特征，更是我们涉台研究的一些青年学者们应该思考如何提供力所能及的能力去面对和化解的问题。

第一，增强学科发展的使命感。新时代呼吁青年学者必须充分意识到自身的角色担当，增强责任感与使命感。习近平总书记在哲学社会科学工作座谈会上指出：这是一个需要理论而且一定能够产生理论的时代，这是一个需要思想而且一定能够产生思想的时代。涉台领域的理论创新，都要求或伴随着基础研究的持续努力来实现。涉台研究领域的青年学者需要将个人的学术研究融入新时代的浪潮中，在引领发展的基础研究上，推动涉台领域研究的整体发展。

第二，积极和主流学科进行学术对话。青年学者们应该多通过参与政治学、经济学和社会学等主流学科的学术会议，以及多阅读主流学科的相关文献，保持自己对于前沿理论的了解和把握。

第三，加强跨学科合作。提倡跨学科合作，就是在学科研究方面促进青年学者们贯彻与实施唯物辩证法关于普遍联系观点的重要实践。涉台领域的青年学者们应该尽快突破现有的以学科划界的研究模式，借鉴多学科的视角，通过对传统单一学科研究的超越和技术提升实现研究的跨层次性和高综合性的系统整合。

第四，加强研究方法的学习。任何一项研究都离不开方法的支撑，研究方法是我们在涉台研究领域中发现新现象或者提出新理论的工具和手段。涉台青年学者应该紧盯国际主流和最新的研究方法，自主探寻研究方法的最前沿，以便更加科学地揭示涉台研究领域的规律和本质。

结合当前大陆涉台研究领域的基本特征，我们做了两个富有挑战性的尝试。一个尝试是基于田野访谈在涉台研究领域的使用与思考。2018 年 4 月至 2019 年 6 月，我们分别赴江苏、广东和福建 3 个省 6 个县市针对常住大陆台胞进行了田野调查工作。日常访谈与半结构式访谈共计 100 余人，整理访谈记录约 20 万字。第二个尝试是首届"两岸治理研究工作坊"的举办。通过这次学术会议，搭建不同学科学者的交流平台，在会议上有观点的交锋，也有研究方法的碰撞。本书所收录的文章，围绕着全球化与地区发展这个主题展开，主要来源于这次工作坊的优秀论文。在下一部分我们将对这些文章的概要进行简单总结。

二、章节概要

华东理工大学社会与公共管理学院陈玮的《经贸整合、利益认知与政治立场：台湾民众两岸经贸态度的动态分析（2014—2016）》，一方面追踪台湾政治变迁的历程——如何与为何从"认同政治"转向"阶级政治"，另一方面以两岸为案例，厘清"经济"对"政治"的复杂影响，提升学界对"分配政治"的理论研究。作者针对 4 轮平行民意调查（2004、2008、2012、2016）

逐一进行分析发现，第一，民众主要是依据其主观认知，而非仅实际利害，形成经贸立场。第二，民众对自身"利害为何"的判断，同时兼顾"实际收益"与"预期收益"两方面。第三，民众政治立场更多取决于所认知的"相对收益"而非其"绝对收益"，即民众更关切所处的相对地位——社会地位影响他们的"公平认知"，并形成他们的"政治回应"。

清华大学公共管理学院凌争和蒙克的《技能专有性与投票行为：基于台湾地区的研究》，通过引入"技能专有性"为投票理论提供新的解释框架。技能专有性分为通用型技能和专用型技能两类。由于专用型技能劳动者多从事制造业工作，经济全球化造成的"去工业化"更可能导致这部分劳动者面临失业风险。当专用型技能劳动者难以抵挡"去工业化"带来的失业风险，政府就成为他们的诉求对象。以政治手段抵御失业风险成为这部分选民保障自我利益的主要途径。因此，在竞争性选举下，专用型技能选民更可能支持满足他们利益的政党；同时，政党通过将这部分选民最关心的议题作为选举纲领争取选票。基于2016年的台湾选举与民主化调查的计量分析支持了上述观点。

中国人民大学国际关系学院韩冬临、杨端程和陆屹洲的《经济绩效、政治腐败与政治信任：台湾公众政治信任变迁研究（2001—2014）》，以实证研究为依托，发现在台湾民主转型及巩固的进程中，经济绩效、政治腐败深刻地影响了台湾公众的政治信任。具而言之，民主化导致的党争民主使得台湾公众对政治绩效、经济绩效的评价下降，进而影响到公众的政治信任。因此，这一特殊性现象有助于重新思考既有民主制度与政治信任之间的关系，从而为比较政治理论的发展与创新提供新的思考视角。

广州大学台湾研究院蔡一村的《互联网时代的集体行动动员机制——基于台湾的个案研究》，通过对"3·18反服贸运动"的个案分析，互联网时代的集体行动并不必然遵循传统的动员逻辑，去中心化的、个性化的路径同样可以实现动员。具体而言，互联网时代集体行动的动员机制表现为"重复暴露""压力遵从"和"居间联络"。通过重复暴露机制，相似主题的运动号召得以不断出现在潜在参与者的社交网络中，积累了巨大的动员效果；通过压力遵从机制，运动参与者在社交媒体上分享观点，不仅实现了自我激励，还对其他群体成员施加了参与行动的社会压力；通过居间联络机制，ICTs把原本相互隔绝的政治支持网络联系到了一起，动员信息广泛传播于秉持不同诉求和意识形态的群体之间。以上三个机制的共同作用，最终使这场运动得以实现。

厦门大学台湾研究院张遂新、新加坡国立大学东亚所的祁冬涛和厦门大学台湾研究院的王秀萍的《党意、民意与选举 ——台湾当局"内阁"不稳定原因探析》，从政治社会学的角度发现台湾民意对"内阁"稳定性的影响在不断上升，补充和丰富了当前从政治学的制度政治视角对此现象进行的分析。2008 年以前"内阁"不稳定与"府会"对立争权、执政党内部派系分立程度高有关，当局领导人为顺应党意要求倾向于对"内阁"人事进行调整。2005 年左右台湾民众反抗意识崛起，对当局领导人和"内阁"相关成员信任度降低，也迫使"内阁"经常变动，此后一般民意的不满更逐渐成为台湾当局"内阁"不稳定的最主要因素。如果说党意和民意为当局领导人提供了调整"内阁"的压力和动机的话，那么选举则往往成为调整"内阁"的时机，并在短期内加剧"内阁"的不稳定。

深圳大学城市治理研究院段哲哲、台湾政治大学的马冀和清华大学公共管理学院郑振清的《时间可以改变台湾青年对大陆学生的偏见吗？ ——两岸青年学生群际接触的理论探索与实证研究》，利用台湾地区网络调查问卷数据对台湾青年与陆生群际接触的效果进行实证研究。研究结果发现：第一，在两岸关系背景下，台湾青年的群体偏见对陆生的群际认知态度有负向影响效应；第二，台湾青年对陆生的初始印象会对他们的统"独"倾向产生中介效应，进而对群际认知产生显著影响；第三，两岸学生接触的时间长短对群际认知态度有显著影响，出现非线性的 U 型调节效应，亦即超过一定阈值的接触时间可以在一定程度上改变台湾青年对大陆学生的认知偏见。

厦门大学台湾研究院王华的《两岸生产分工、贸易依赖与经济周期协动性——基于动态随机一般均衡模型的模拟分析》，采用一个标准的国际实际经济周期模型分析框架，考察两岸生产分工和贸易往来格局对于两岸经济周期协动性的传导机制。通过对相关参数进行赋值校准，该文模型可以复制两岸经济周期波动及其协动性的多数特征事实。基于该模型的冲击响应分析与实验分析表明，两岸经济结构仍然以异质性为主要特征，其他经济体才是台湾宏观经济波动的主要外部冲击来源；两岸技术冲击的相关性对于两岸经济周期协动性的形成发挥了至为关键的作用。不论在两岸贸易，还是在双向投资方面，两岸经济关系都仅处于"浅层"相互依存状态，两岸经济周期协动性也以间接性、表象性为主要特征；即便如此，两岸在参与全球生产分工和市场开拓中实现合作共赢的格局已经初步形成。

三、结束语

我们已经站在了一个学术型与应用型两种发展的十字路口上。老一辈学者为涉台研究领域的发展奠定了扎实的基础，新一代中青年学者所拥有的学术训练和国际视野为涉台研究领域的发展积蓄了强劲的动能。涉台研究领域不应该在科学化发展明显不足的时候去否定科学化，同时科学化的涉台研究也不应该无视传统研究路径的价值，强调学科的"生态多样性"是未来的趋势。现在学术理论和方法的发展速度很快，学术竞争也相当激烈。无论它是对是错是好是坏，我们必须直面和接受它。为了迎接这样的挑战，我们青年学者们必须在理论上和方法上，做一些跟前辈学者们不一样的学习和准备。

在方法选择上，我们不应该因为某些方法"成为趋势"或渐受追捧，就跟风式追随，而是要认真考虑自己的研究适用什么方法。本书收录的七篇文章兼具一般原理与中国国情相统一，科学方法与现实问题相统一，从而使它们兼具前沿性和本土性的解释力，并对涉台研究领域做出真正的贡献。作者群平均年龄在 35 岁以下。现在将我们在涉台研究领域的探索结集成书出版，希望号召更多的两岸年轻学者加入我们，为促进两岸同胞心灵契合、增进两岸和平统一贡献智识，在新时代的奋斗洪流中共同融入实现中华民族伟大复兴中国梦的伟大实践之中。

经贸整合、利益认知与政治立场：台湾民众两岸经贸态度的动态分析（2004—2016）[①]

陈玮（华东理工大学社会与公共管理学院）、耿曙（浙江大学社会学系）

摘要： 两岸经贸全面开放迄今已历十载，对国家统一而言，此政策承载着赢取台湾民心的重任。那么，台湾地区民众对两岸经贸态度的具体情况如何？又经历哪些变化？本文在扩宽时间纵轴后发现，台湾民众的两岸经贸态度曾经历剧烈起伏——从早先的热烈期待，到中期不安质疑，再恢复近日的友好欢迎。但在两岸经贸格局、台湾经社结构均未明显变化的背景下，是什么导致台湾民众两岸经贸态度的巨大变化？为了回答上述问题，作者针对台湾4轮平行民调(2004, 2008, 2012, 2016)展开分析，发现影响台湾民众态度的因素存在明显的阶段差异：在开放交流之前与初期，"认同"因素主导民众的经贸态度，但是随着两岸交流扩大，"阶级"因素的影响越发重要。同时，本研究还进一步发现，由于承受能力较差，相对剥夺感较强，台湾社会底层对两岸经贸的反应更加强烈，立场更为鲜明。从上述发现来看，民众通过"经贸交流"对"切身利害"的感受，才形成其"政治态度"。换言之，并非客观利益，而是主观感受，左右了台湾民众的政策立场。本研究一方面追踪台湾政治如何从"认同政治"转向"阶级政治"，另一方面也以两岸经贸互动为案例，厘清"经济"与"政治"间复杂的交互关系。

关键词： 政治经济、两岸关系、阶级政治、认同政治、利益认知

---

① 本文发表于《台湾研究集刊》2019 年第 2 期。

一、如何理解起伏震荡的台湾民意？

自 2008 年，两岸经贸的全面开放，迄今已历十载。对国家统一而言，此政策承载着赢取台湾民心的重任。曾几何时，两岸都曾期盼通过紧密的经贸交流，实现彼此互利互惠，拉近双方的政治距离，消弭其间的政治差异。一方面，大陆期盼"寄希望于台湾人民"，① 通过经济、社会的深层融合，完成两岸统一的目标。另一方面，台湾地区马英九当局，也因回应台湾民众的长久渴望，获得台湾社会的普遍叫好。然而，随着两岸经贸交流的扩大，却逐渐萌生质疑与不安。直到 2014 年 3 月，台湾爆发"太阳花运动"（或称"反服贸事件"），上万学生与民众上街游行，甚至强占"立法院"，抗议其审议《海峡两岸服务贸易协定》。这一运动对两岸关系影响深远：一方面，旨在进一步推动开放的《服贸协定》自此搁浅，再也无法继续推动深化；另一方面，两岸经济社会互动陷入僵局，交流形势急转直下，迄今尚未恢复。

纵观过往十余载的台湾民意变化可以发现，台湾民众对两岸经贸交流的态度，出现了剧烈的波动。根据相关民调数据显示（如下表1），质疑两岸经贸开放的民众，在 2008 年达到低谷，只有略过高于两成（22%）的民众主张两岸应该紧缩开放交流；然而到了 2012 年，这一比例骤然遽升到近 36%。为何短短 4 年时间，台湾民意就从早期普遍欢迎经贸开放，迅速滑向疑虑，甚至因此引发 2014 年的抗议事件？更何况，这一切变化都在两岸经贸格局、台湾经社结构都未发生剧变的情况下产生，这不免让人困惑不解。

表 1   2004、2008、2012、2016 等各年度台湾民众对两岸经贸开放的态度

政治立场	2004	2008	2012	2016
降低两岸经贸	28.23%（419）	22.31%（240）	35.81%（385）	20.22%（216）
无明显立场	24.20%（359）	21.79%（234）	22.83%（245）	24.64%（263）
加强两岸经贸	47.57%（706）	55.90%（602）	41.36%（445）	55.14%（590）
总观察值	1,484	1,076	1,075	1,069

数据来源："两岸关系和国家安全民意调查"（2004、2008、2012），主持人：牛铭实，https://sites.duke.edu/pass/data/；"人格特质与政治态度和参与调查"

---

① 　人民网：《胡锦涛就新形势下发展两岸关系提四点意见》，查询时间：2019 年 1 月 3 日，http://politics.people.cn/GB/1024/3219958.html。

（2016），主持人：蔡佳泓。

　　注：格内为比例，括号内为案例数。

　　为寻求上述问题的答案，本文希望找出影响台湾民众两岸政策态度的因素。在民意变化研究中，主流往往从结构视角考察"经济"对"政治"的影响。[①] 显然，上述传统政治经济范式，似乎对台湾剧烈波动的民意缺乏解释力。针对现有范式不足，本文利用 4 轮台湾地区施测的平行民调（2004、2008、2013、2016）进行分析，捕捉影响台湾民众政治立场的历时变化及其原因。本文研究发现，首先，影响台湾民众两岸经贸立场的因素，显现出清晰的阶段差异。从 2004 到 2016 年间，左右台湾民众两岸经贸立场的主要力量，已经从早期的"认同"因素，逐步转变为"阶级"因素。其次，联结"经贸交流"与"政治立场"的是民众对"切身利害"的感受，而后者并非由经济与社会结构所决定。本文发现，台湾民众主要是依据其主观认知，而非仅实际利害，形成其相关的政治立场。更进一步的研究发现，台湾民众对于两岸经贸的立场，更多取决于其所认知的"相对收益"而非"绝对收益"，也即民众更关切所处的相对社会地位——换言之，社会地位的变化影响他们的"公平认知"，并最终形成他们的"政治回应"。

　　基于上述目标，本文内容安排如下：首先简要回顾解释台湾民众政治态度的理论框架，尤其侧重近年在两岸经贸立场居于主流的"理性与感性"框架，并且从该框架的"利益认知"角度延伸切入，探讨在经济交流的结构之下，民众认知利益的变化，将如何影响其所采取的政治立场，并提出研究假说。其次在前文基础上进行模型设定与数据介绍。然后进行模型检测，逐一分析各阶段影响台湾民众两岸经贸整合立场的决定因素，并与理论假说进行参照与讨论。最后总结本文的研究发现及其理论意义，并在此基础上探讨接续的研究方向。

[①]　Gourevitch, Peter Alexis. *Politics in Hard Times: Comparative Responses to International Economic Crises*, Ithaca, NY: Cornell University Press, 1986; Rogowski, Ronald. *Commerce and Coalitions: How Trade Affects Domestic Political Alignments*, Princeton, NJ: Princeton University Press, 1989; Hiscox, Michael J.. *International Trade and Political Conflict: Commerce, Coalitions, and Mobility*, Princeton, NJ: Princeton University Press, 2001.

二、利害与爱恨交织的两岸经贸整合：认同、利益与阶级

针对台湾民意与投票行为的研究，早期（1990 年到 2000 年初）的研究发现，受到政治转型的影响，民粹倾向明显，认同政治凸出。[①]进入 21 世纪后的研究，则逐步基于利益考量的层面。[②]换言之，左右台湾选民政治态度与投票行为的因素，徘徊于"认同"与"利益"两大影响层面。

在此基础上，来自吴乃德、耿曙、陈陆辉等学者提出的"理性 VS. 感性"框架成为解释台湾民意最具代表性理论。[③]该框架将"认同"与"利益"同时纳入，考察两者的彼此消长以及台湾民众对两岸议题的态度，甚至台湾政治的深层变化。其所谓"感性因素"一般包括：（1）身份认同；（2）统"独"立场，或者（3）综合的经济社会地位等。其"理性因素"则包括（1）所属产业部门；（2）个人竞争优势，或者（3）地区因素等。就近期的两岸研究观察，"理性 VS. 感性"已经成为考察台湾民众两岸议题态度最重要的分析框架。[④]

随着"理性因素"的脉络，台湾民意在 2008 年后又出现了新的动态。阶级因素对台湾民众政治态度的影响越来越明显。根据部分学者的观察，全球化的深入，特别是 2008 年全球金融危机的波及，加之台湾经济的持续低迷，[⑤]

① 盛杏湲：《统独议题与台湾选民的投票行为：一九九〇年代的分析》，《选举研究》，2002 年第 1 期，第 41—80 页；徐火炎：《台湾结、中国结与台湾心、中国情：台湾选举中的符号政治》，《选举研究》，2004 年第 2 期，第 1—41 页；吴乃德：《面包与爱情：初探台湾民众民族认同的变动》，《台湾政治学刊》，2005 年第 2 期，第 5—39 页；郑夙芬：《族群、认同与总统选举投票抉择》，《选举研究》，2009 年第 2 期，第 23—49 页；张传贤、黄纪：《政党竞争与台湾族群认同与国家认同间的联结》，《台湾政治学刊》，2011 年第 1 期，第 3—71 页。

② 耿曙、陈陆辉：《两岸经贸互动与台湾政治版图：南北区块差异的推手？》，《问题与研究》，2003 年第 6 期，第 1—27 页；耿曙：《经济扭转政治？中共"惠台政策"的政治影响》，《问题与研究》，2009 年第 3 期，第 1—32 页；于强、耿曙、陈曦、李扬：《惠台政策对台湾农渔业选民的影响研究：利益、认同与投票行为》，《台湾研究》，2016 年第 2 期，第 16—25 页。

③ Keng, Shu, Lu-huei Chen & Kuan-bo Huang. "Sense, Sensitivity, and Sophistication in Shaping the Future of Cross-Strait Relations," *Issues & Studies*, 2006, Vol. 42(4): 23-66. 陈陆辉、耿曙、王德育：《两岸关系与 2008 年台湾"总统大选"：认同、利益、威胁与选民投票取向》，《选举研究》，2009 年第 2 期，第 1—22 页。

④ 陈陆辉、陈映男、王信贤：《经济利益与符号态度：解析台湾认同的动力》，《东吴政治学报》，2017 年第 3 期，第 1—51 页。

⑤ 邓利娟、朱兴婷：《台湾学运背后的经济发展困境》，《台湾研究集刊》，2014 年第 6 期，第 44—51 页。

导致民众越发关注财富再分配与阶级意识崛起。[1] 阶级越来越成为台湾政治的重要议题，也成为近年台湾社会运动的结构基础。不过以往的研究，多基于观察，而缺乏严格的经验验证。因此，作者基于上述文献基础，提出本文的第一个研究假说：两岸经贸持续推进，阶级作为一个重要的因素，会影响台湾民众的两岸经贸态度。

但是，不论传统的"感性因素"或者"理性因素"，还是新近的"阶级因素"，都属于影响民众个体的"结构力量"，在面临台湾民意动态解释时，其成效往往力有不逮。由于结构不会短期遽变，相对稳定的"结构力量"便难以充分而细致地解释变化多端的民意动态。上述表1所显示的台湾民意——在短短的12年间，支持与反对两岸经贸整合的民众，起伏震荡达到15%上下，然后再经历一轮起伏。但是基于既有理论的各类"结构力量"却未呈现出如此剧烈的波动。如下图1所示，与两岸经贸紧密相关的统"独"立场并未见比较明显的波动。此外，在同一时间段内，两岸整体经贸格局也并未出现大幅转变，如下图1所示，虽然受全球金融危机影响，2009年两岸经贸交易额锐减，但之后2008年后迅速上升，并稳定在高位，并未出现剧烈起伏。而根据学者测算，两岸经贸中台湾的收益水平不断提高，并未出现大幅波动。[2] 而台湾的经济社会结构，也并未显现出巨大的贫富分化差异。如下图2所示，2004年以后，台湾家户收入五等分最高所得20%家庭相对于其他组家庭所得的倍数一直呈现平稳趋势，并未有显著上升。综合上述分析可知，依据结构力量所提出的解释，难以充分、细致地理解台湾民众对两岸整合态度的变化。

---

① 郑振清：《台湾新世代社会运动中的"认同政治"与"阶级政治"》，《台湾研究》，2015年第3期，第9—15页；Zheng, Zhenqing. "Taiwan's Wealth Gap and Evolution of Electoral Politics after 2008 Global Financial Crisis," *Asian Survey*, 2013, Vol.53(5): 825-853；Qi, Dongtao. "Globalization, Social Justice Issues, Political and Economic Nationalism in Taiwan: An explanation of the Limited Resurgence of the DPP during 2008-2012," *The China Quarterly*, 2013, 216: 1018-1044.

② 邓利娟、马士伟：《全球价值链背景下两岸贸易收益的量化分析》，《台湾研究集刊》，2017年第6期，第40—50页。

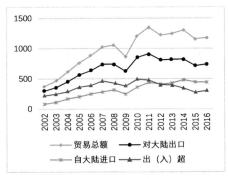 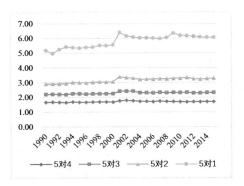

左边图 1　2002—2016 年两岸经贸主要指标（亿美元）

资料来源：台湾"行政院"大陆委员会 https://www.mac.gov.tw，日期 2017.9.16.

右边图 2　1990—2015 年台湾家户收入五等分最高所得 20% 与其他组别的倍数

数据来源：台湾"行政院主计处"："年家庭收支调查报告"（2015 年），台北："行政院主计处"，2016 年 10 月

　　鉴于上述结构视角的缺陷，本文希望通过研究思路上的创新，尝试解释为何涉及两岸经贸整合议题时，台湾民众的立场会出现巨幅波动。在前述"理性 VS. 感性"框架中，民众的政治立场，是民众在经济利得失与认同得失之间权衡的结果。例如一个认同上偏向"独立"的台湾企业家，可能既能从两岸交流中获利，又感受到两岸趋统的压力。那么，当事人此时必须权衡利弊得失，形成一个他可以说服自己与他人的政治立场。

　　学者进一步的研究发现，民众对经贸整合带来的"利害得失是什么"的判断，未必与经贸带来的客观利得相一致。因为当事人据以形成政治立场的"经济利得"，其实是其经过信息过滤、社会诠释之后所形成的"利益认知"。换言之，台湾民众的政治立场，并不取决于客观分析的"实质利益"，而是受制于当事感受的"认知利益"。[1] 从这个角度看，连接"两岸经济交流"与"民众政治态度"的"利益因素"其实相当复杂，并非一成不变。所以，即便"经济结构"维持稳定，由于"利益认知"发生变化，民众的政治态度与政策

　　① 陈陆辉、耿曙、涂萍兰、黄冠博：《理性自利或感性认同？影响台湾民众两岸经贸立场因素的分析》，《东吴政治学报》，2009 年第 2 期，第 87—125 页。

立场也会产生相应的变化。例如，既有研究发现，台湾民众在判断两岸经贸对台湾整体的"集体利益得失"的过程中，会受到其个人的意识形态（认同偏好）、接收媒体（过滤信息）和所处网络（二手传播／社会诠释）等因素的建构，而这些因素又会在认识过程中不断波动与变化。由此可见，"利益认知"是复杂且动态的过程。基于上述分析，作者提出本文的第二个假说：阶级利益对台湾民众两岸经贸态度的影响，并非源自民众所在阶级的客观得失，而是源自该群体民众的感受得失。①

综合上述，学界无法掌握民意震荡起伏的根本原因，正是对"利益因素"的过于简化与固化理解。因此，若想找出民意震荡的原因，需要对"利益因素"进行多元和动态的分析，特别是动态的"利益感受"。有鉴于此，作者将在下一节选取台湾的4轮平行民调（2004、2008、2012、2016）进行对照考察，一方面分析前后阶段影响民众两岸经贸立场的因素，以及各阶段因素为何有所不同，另一方面也对其作用机制进行验证与讨论。

三、模型设定与数据来源

基于前文的思路，本文必须通过"纵贯数据"方能捕捉台湾民众政治态度的动态变迁。本节对4轮平行民调数据（问卷主要问题几乎完全一致）进行介绍。其中重点在：（1）划分两岸经贸发展历程的四个阶段——开放之前（2004）、开放之初（2008）、全面开放（2012）、转向紧缩（2016），先分各个阶段加以考察，再将其联系对照进行解读。（2）变量"两岸经贸开放态度"与解释变量"阶级因素""认同因素""理性因素"的捕捉与度量。

（一）模型设定

基于上述思路，本文的解释架构如下。首先为"基础模型"（benchmark model）的设定，主要根据前述"理性 VS. 感性"框架，② 进行初步设定。其

---

① 陈映男、耿曙、陈陆辉：《依违于大我、小我之间：解读台湾民众对两岸经贸交流的心理纠结》，《台湾政治学刊》，2016年第1期（6月号），第1—59页。

② Keng, Shu, Lu-huei Chen & Kuan-bo Huang. "Sense, Sensitivity, and Sophistication in Shaping the Future of Cross-Strait Relations," *Issues & Studies*, 2006, Vol.42(4): 23-66；陈陆辉、耿曙、涂萍兰、黄冠博：《理性自利或感性认同？影响台湾民众两岸经贸立场因素的分析》，《东吴政治学报》，2009年第2期，第87—125页；陈陆辉、陈映男、王信贤：《经济利益与符号态度：解析台湾认同的动力》，《东吴政治学报》，2017年第3期，第1—51页。

中"理性层面"与自我利益相关，代表"竞争能力"的教育程度，"经济区域"与"职业部门"都是考察重点。另一方面，"感性层面"与民众的意识形态有关，其中代表台湾人"族群认同"的"省籍背景"、困扰台湾民众多年的"台湾人—中国人"身份认同，代表台湾民众对两岸关系看法的统"独"立场以及政治倾向的"政党认同"都是考察重点。

进一步看，本文意图探寻台湾民众对两岸经贸开放态度变迁的因素，因此选择了几个关键时间点作为考察节点。本文将两岸经贸开放分为四个阶段：（1）开放之前，代表为2004年的调查；（2）开放之初，代表为2008年的调查；（3）全面开放，代表为2012年的调查；（4）转向紧缩，代表为2016年的调查。其中，处于2004年之前，历经李登辉的"戒急用忍"，陈水扁的"泛绿执政"，两岸经贸处于紧缩与封闭状态，两岸的交流仅限货物间接贸易以及部分台商来大陆的投资活动。之后，经过大陆与泛蓝的接触沟通，开辟诸如"国共经贸论坛"等管道，终于到2008年，国民党取得选举胜利，宣示两岸迈向大幅开放。

此后，台湾在经贸与交通运输领域逐步放开限制。自此之后，两岸经贸交流进入全盛时期，促成交通旅行的三通、签订了两岸经贸框架协议（ECFA），陆续开放了货币兑换、金融合作、产业投资以及社会领域的交流。到了2012年可以算是两岸开放的全盛期，并且有继续开放扩张的美好愿景。但随着两岸交流的深入，针对两岸经贸的质疑声也逐渐增加，台湾民众对两岸经贸开放与执政党国民党的不满也与日俱增。到了2014年上述不满已经充分形成，同时做了有力的展现，就是前述3月中的"反服贸/太阳花"运动。再到2016年，随着台湾政治版图的蓝绿消长，民进党终于等到轮替执政，两岸关系迅速开始冰冻，该年可以视为两岸经贸转向紧缩的分水岭。

（二）数据来源与变量测量

针对上述四个发展阶段的划分，本文所用数据来自四轮平行民调数据合并而成。2004、2008、2012三年的数据来自杜克大学牛铭实教授主持的"两岸关系和国家安全民意调查"系列，2016年的数据来自台湾政治大学选举研究中心蔡佳泓研究员主持的"人格特质与政治态度和参与"项目。[①] 该四轮平

---

① 本文之所以选用两项民调数据，是因为2016年的"两岸关系和国家安全民意调查"问卷中删除了与职业有关的问题，导致本文的关键自变量"阶级"无法度量。

行调查虽非全部问题完全一致，但主要变量均完整涵括度量，同时各个调查均由政治大学选研中心执行，数据搜集采用相同抽样方法，皆能充分反映台湾社会情况，性别、年龄、地区、教育程度和省籍的客观人口变量分布比例都非常接近，因此可以平行比较。①

在变量设定方面，除非另有需要，否则原则参照之前学者相关研究。其具体设定简要报告如下。本文考察的被解释变量是台湾民众对两岸经贸开放的态度。在具体测量时，本文从"两岸关系和国家安全民意调查"选择问题："有人认为台湾应该加强与大陆的经贸关系，因为这样可以帮助台湾的经济成长；也有人认为台湾应该降低与大陆的经贸关系，不然会影响台湾的'国家安全'。请问您比较同意哪一种观点？"以及"人格特质与政治态度和参与"中的问题"请问您认为政府对两岸经贸交流的政策，应该比现在更加开放还是更加管制？"在具体处理变量时，本文将同意"管制两岸经贸开放"的类别设为 1，将同意"加强两岸经贸开放"与"无明确态度"的选项合并设为 0，作为参照组。本文考察的最主要的解释变量"社会阶级"，作者根据 4 轮平行问卷中的九大类职业类别（主管人员、专业人员、佐理人员、服务人员、农林渔牧、劳工、学生、军警、家管）35 小类职业划分出高、中、低三个阶级。具体见下表 2。

表 2　自变量"阶级"的划分方式

变量类别	划分方式
高阶	101. 民代；102. 行政主管；103. 公营事业主管；104. 民营事业主管；105. 民营事业公司负责人（自营商人）；有雇用人；106. 民营事业公司负责人（自营商人）；没有雇用人；201. 行政部门研究人员（科学家）；202. 私人部门研究人员（科学家）；203. 公立医疗单位医事技术人员；204. 非公立医疗单位医事技术人员；205. 会计师；206. 公立教育机构教师；208. 法官、书记官、检察官、司法官；209. 律师
中阶	207. 私立教育机构教师；210. 宗教工作者；211. 艺术工作者；212. 文字工作者；213. 公营事业工程师（机师）；214. 民营事业工程师（机师）；215. 职业运动专业人士；301. 行政单位与公营事业部门职员；302. 民营事业职员；303. 买卖业务人员；801. 军警调查局人员；901. 家管，没有做家庭代工；903. 家里有事业，有帮忙但未领薪水；904. 家里有事业，有帮忙且领薪水

_____

① 由于篇幅限制，四轮民调主要变量的分布对比并未在本文中展示，读者若感兴趣，可与作者联系。

续表

变量类别	划分方式
低阶	401. 服务、餐旅人员；501. 农林渔牧；601. 行政单位与公营事业部门劳工 602. 民营事业劳工；701. 学生；902. 家管，有做家庭代工；905. 失业者；906. 退休者

四、经贸开放过程中的态度变化：各阶段影响民众两岸经贸立场的因素分析

基于上述的研究设计与变量度量，本节根据前文四个不同阶段，分别就民调数据进行二元 logit 回归模型的检测，并对检测结果列表进行前后比较与分析诠释。本节重点在：（1）寻找两岸经贸整合进程中，影响民众政治态度的因素变化；（2）针对民众的"利益认知"与"态度形成"进行考察，尝试挖掘其中的机制，帮助掌握政治态度与立场的动态。

（一）各阶段影响民众两岸经贸态度的因素

上述 4 个阶段台湾民众两岸经贸态度的影响因素分析结果整理如下表 3（a）和表 3（b）。首先，根据表中"模型 2004–1"和"模型 2004–2"结果所示，[1] 处于年两岸经贸尚未全面开放的 2004 年，影响台湾民众两岸经贸态度的主要因素为"认同因素"，此时阶级尚未对台湾民众的政治态度产生实质影响。认同层面因素中，"统'独'立场""身份认同"与"政党支持"均对台湾民众的两岸经贸态度产生了影响。传统理性层面因素中，"部门利害"［表3（b）中］与"经济区域"作用均不显著，代表能力高低的"教育程度"显著影响民众的经贸政策立场。由此可见，在 2004 年，认同因素发挥着影响台湾民众两岸经贸态度的主导因素。

---

① 由于"阶级"与"部门利害"都是根据"职业"来划分的，所以放在同一个模型中会有共线性问题，因此我们分别放在不同模型中，包含阶级的模型结果在表 3（a）中，包含部门利害的模型结果在表 3（b）中。分析的时候我们选择有"阶级"的模型。

表 3（a） 经贸开放各阶段影响民众两岸经贸立场因素的 logit 模型分析

2004—2016

	2004–1		2008–1		2012–1		2016–1	
	Exp(β)	S.E.	Exp(β)	S.E.	Exp(β)	S.E.	Exp(β)	S.E.
阶级（中阶 =0）								
高阶	0.931	(-0.37)	0.605	(-1.82)	1.089	(0.38)	1.506	(1.63)
低阶	0.810	(-1.22)	1.119	(0.52)	1.567	(2.39)	1.458	(1.69)
统"独"（现状 =0）								
统一	1.033	(0.15)	0.816	(-0.63)	0.773	(-0.92)	0.923	(-0.26)
"独立"	2.073	(4.34)	2.762	(4.86)	1.713	(2.94)	2.375	(4.37)
身份（非台 =0）								
台湾人	1.342	(1.94)	1.350	(1.49)	1.898	(3.78)	1.722	(2.52)
籍贯（客家 =0）								
闽南	1.371	(1.49)	0.658	(-1.53)	1.049	(0.20)	1.627	(1.59)
其他省	0.817	(-0.66)	0.582	(-1.37)	0.449	(-2.11)	0.818	(-0.44)
政党（无倾 =0）								
泛蓝	1.030	(0.17)	0.834	(-0.77)	0.617	(-2.48)	0.859	(-0.61)
泛绿	1.473	(2.22)	3.665	(5.54)	2.908	(5.71)	1.276	(1.18)
教育（高中 =0）								
中小	1.649	(2.88)	1.303	(1.18)	1.220	(0.92)	0.931	(-0.27)
专上	0.692	(-2.10)	0.545	(-2.66)	0.892	(-0.60)	0.982	(-0.09)
地区（中部 =0）								
北部	0.876	(-0.73)	1.309	(1.03)	1.371	(1.45)	0.758	(-1.14)
南部	0.982	(-0.10)	1.144	(0.49)	1.111	(0.47)	0.945	(-0.23)
东部	0.621	(-1.28)	2.117	(1.80)	1.230	(0.49)	1.594	(1.17)
世代（60 以上 =0）								
20-25	1.693	(1.86)	1.123	(0.30)	0.642	(-1.33)	0.899	(-0.28)
26-59	1.382	(1.43)	1.217	(0.73)	1.149	(0.59)	1.020	(0.07)
性别（男性 =0）								
女性	1.048	(0.32)	1.045	(0.22)	1.090	(0.53)	1.102	(0.52)
N	1259		958		933		895	

续表

	2004–1		2008–1		2012–1		2016–1	
	Exp(β)	S.E.	Exp(β)	S.E.	Exp(β)	S.E.	Exp(β)	S.E.
Log Likeli-hood	-674.834		-416.468		-509.744		-411.818	
df	17		17		17		17	
AIC	1.101		0.907		1.131		0.960	
Pseudo R2	0.0767		0.1803		0.1580		0.0875	

表 3（b）经贸开放各阶段影响民众两岸经贸立场因素的 logit 模型分析
2004—2016

	2004–2		2008–2		2012–2		2016–2	
	Exp(β)	S.E.	Exp(β)	S.E.	Exp(β)	S.E.	Exp(β)	S.E.
统"独"（现状 =0）								
统一	1.043	(0.20)	0.814	(-0.64)	0.794	(-0.82)	0.930	(-0.24)
"独立"	2.062	(4.31)	2.741	(4.85)	1.687	(2.85)	2.335	(4.30)
身份（非台 =0）								
台湾人	1.337	(1.91)	1.372	(1.58)	1.881	(3.72)	1.758	(2.62)
籍贯（客家 =0）								
闽南	1.395	(1.57)	0.657	(-1.55)	1.034	(0.14)	1.595	(1.53)
其他省	0.834	(-0.59)	0.592	(-1.33)	0.445	(-2.13)	0.832	(-0.40)
政党（无倾 =0）								
泛蓝	1.029	(0.16)	0.830	(-0.79)	0.621	(-2.44)	0.845	(-0.67)
泛绿	1.470	(2.22)	3.553	(5.45)	2.873	(5.64)	1.266	(1.14)
利团（无关 =0）								
受益	1.055	(0.26)	0.882	(-0.48)	0.796	(-1.00)	0.948	(-0.22)
受害	0.944	(-0.33)	1.116	(0.47)	1.329	(1.37)	0.820	(-0.86)
教育（高中 =0）								
中小	1.595	(2.74)	1.333	(1.29)	1.254	(1.04)	0.941	(-0.23)

续表

	2004–2		2008–2		2012–2		2016–2	
	Exp(β)	S.E.	Exp(β)	S.E.	Exp(β)	S.E.	Exp(β)	S.E.
专上	0.693	(-2.04)	0.510	(-2.97)	0.827	(-1.02)	0.937	(-0.31)
地区（中部 =0）								
北部	0.889	(-0.65)	1.328	(1.08)	1.375	(1.45)	0.734	(-1.27)
南部	0.980	(-0.11)	1.199	(0.67)	1.110	(0.46)	0.916	(-0.35)
东部	0.648	(-1.17)	2.193	(1.89)	1.339	(0.69)	1.590	(1.16)
世代（60 以上 =0）								
20—25	1.755	(1.93)	1.108	(0.26)	0.597	(-1.53)	0.970	(-0.08)
26—59	1.490	(1.66)	1.064	(0.22)	1.003	(0.01)	1.060	(0.21)
性别（男性 =0）								
女性	1.093	(0.63)	1.120	(0.61)	1.053	(0.33)	1.014	(0.08)
N	1259		958		933		895	
Log Likelihood	-675.382		-418.588		-509.012		-413.280	
df	17		17		17		17	
AIC	1.101		0.911		1.130		0.964	
Pseudo R2	0.0760		0.1762		0.1592		0.0842	

数据来源："两岸关系和国家安全民意调查"（2004、2008、2012），主持人：牛铭实；"人格特质与政治态度和参与调查"（2016），主持人：蔡佳泓。因变量：0= 加强两岸经贸开放 / 无具体立场；1= 管制两岸经贸开放。t statistics in parentheses $p < 0.10$, $p < 0.05$, $p < 0.01$。

其次，表中的"模型 2008–1"和"模型 2008–2"展示的是 2008 年影响台湾民众两岸经贸开放态度的结果。此时，两岸经贸开放已经酝酿许久，并开始逐步放开。在这一时期的结果中，"认同因素"仍然部分发挥作用，传统的"利益因素"也仍然起部分作用，而阶级已经独立显现出其对民众两岸经贸态度的影响作用。具体而言，相对处于"中阶"的人群，"高阶"民众选择管制两岸经贸立场是其他立场的 0.605 倍［exp (-0.503)］，这说明高阶民众更支持两岸经贸开放，反对两岸经贸管制。"低阶"民众此时态度尚不显著。在"认同因素"中，"统'独'立场"与"政党支持"作用依然显著，且方向与系数和 2004 年类似，但"身份认同"这一变量不再显著。理性层面变量中，"教育程度"与"经济区域"作用显著，"部门利害"仍然不显著。由此可见，在 2008 年，虽然认同因素与利益因素仍然部分影响台湾民众两岸经贸态度，但是阶级变量已经独立显现出其作用。

接续，"模型 2012–1"和"模型 2012–2"展示的是处于两岸经贸开放政策顶峰，已经实施并有进一步深入扩大可能的 2012 年的结果。此时，认同类因素作用仍然强大，传统的理性层面因素不再有作用，阶级作为独立因素的作用仍然显著，但是起作用的群体与 2008 年却截然不同。之前对两岸经贸持显著支持立场的"高阶"群众不再有强烈的态度，而是相对冷感；与此同时，"低阶"民众则表现出明显的反对经贸开放的立场。根据表 3（a）数据显示，相对于"中阶"群体，"低阶"民众其采取管制两岸经贸的立场是其他立场的 1.567 倍［exp (0.449)］。"认同因素"中，"统'独'立场""身份认同""省籍背景"和"政党支持"全部表现出对经贸态度的显著作用。而"利益因素"中的"部门利害""教育程度"与"经济区域"的作用均不显著。上述结果显示，认同因素的作用仍然持续，而传统的利益因素已经无法影响台湾民众两岸经贸开放态度，阶级因素虽然持续独立显现作用，但发生作用的群体发生了转变。

最后，2016 年的结果由表中的"模型 2016–1"和"模型 2016–2"所示。到 2016 年，政党轮替的趋势已经不可避免，两岸经贸即将进入紧缩时期。此时，认同因素仍然部分保持显著，传统的利益因素持续无作用，阶级作为独立因素继续显著影响台湾民众对两岸经贸开放政策的态度。与 2012 年类似，相对于"中阶"民众，"低阶"民众继续反对两岸经贸开放，其采取管制两岸经贸的立场的概率是采取其他立场概率的 1.458 倍［exp (0.377)］，而"高阶"群体继续对两岸经贸政策冷感。"认同因素"中，"统'独'立场"与"身份认同"仍然作用显著，但是"省籍背景"与"政党立场"则不再对民众两岸经贸立场产生作用。"利益因素"中，"部门利害""教育程度"与"经济地区"持续无作用。综合上述，2016 年的结果与 2012 年颇为类似，认同因素与阶级因素都表现出显著的作用效果。

综合上述各阶段模型检测结果，不难发现影响台湾民众两岸经贸立场因素的变化趋势：从 2004 年到 2016 年间，"统'独'立场""身份认同""省籍背景"与"政党立场"等认同因素的作用在不同阶段均有所波动，不过目前仍然能够影响民众的经贸立场态度；"部门利害""教育程度"与"经济地区"这些传统的利益因素，早期尚能影响民众的政治态度，但是后期已经完全失去影响力；阶级因素从 2008 年开始即展现出对台湾民众两岸经贸态度的影响，并且其有感群体随着时间推移也发生了变化。2008 年高阶的民众强烈支持经贸开放，但到了 2012 和 2016 年，高阶民众持续无感，反而是低阶民众持续倾向管制两岸经贸。由此可见，台湾民众对两岸经贸的政治立场，已经逐渐从早期的"认同挂帅"演变为"认同"与"阶级"并重，联合影响民众政治立场的局面，这也意味着台湾政治的核心已经从"认同政治"逐渐走向"阶级政治"，本文的第一个假说也因此得到验证。

（二）阶级因素中的"利益认知"："相对得失" VS. "绝对得失"

进一步考察，前述"阶级因素"又是如何作用于民众最终的政治态度的？或者说，不同阶层民众如何将自身的"利益得失"归因于两岸经贸交流？针对传统理性因素的研究认为，诸如竞争能力、经济区域和部门利害之所以会影响民众两岸经贸态度，是因为上述不同群体的民众认为，与过去相比，自身利益的增加或减少由两岸经贸造成，从而形成对该政策明确的政治态度。由此可知，"利益认知"——即绝对的是否获利 / 受损，是理性因素影响民众最终政治态度的中介机制。基于上述分析，本文预期，不同阶层民众，也是通过对自身利益得失的认知形成对两岸经贸开放的态度。

因此，本文引入变量绝对"受益程度"检测上述预期。如果不同阶层民众是因为感受到自身利益得失的冲击，进而支持或反对两岸经贸开放，那么在模型中控制绝对"受益程度"之后，阶级因素对两岸经贸的影响作用应该消失。否则，则说明阶级因素对台湾民众两岸经贸政策态度的影响可能来自另外的作用机制。

基于问卷的限制，本文只能采用"2012 年两岸关系和国家安全民意调查"的数据对此进行检验，观察低阶民众是否因实际利益受损从而反对两岸经贸开放。作者选择题目"请问您觉得您家里现在的经济状况与一年前相比，是比较好，比较不好，还是差不多"来度量民众认知的绝对"受益程度"。本文将该问题"比较好""比较不好""差不多"的回答分别设置一个连续变量和一个类别变量分别进行检验。连续变量的绝对"受益程度"将上述回答根据受益多少由低到高排序，类别变量"是否受益"按照民众的回答分为三类，以"差不多"为对照组。将上述变量分别放入模型后的 Logit 回归结果如下表 4 所示。

表 4　所处阶级、受益程度对台湾民众两岸经贸态度影响的 logit 回归分析

	模型（1）		模型（2）		模型（3）	
	Exp(β)	S.E.	Exp(β)	S.E.	Exp(β)	S.E.
阶级（中阶 =0）						
高阶	1.089	(0.38)	1.036	(0.16)	1.052	(0.22)
低阶	1.567	(2.39)	1.462	(2.00)	1.467	(2.01)
受益程度（连续）			0.580	(-3.59)		
受益程度（差不多 =0）						
变好					0.303	(-1.71)
变差					1.623	(2.96)
统"独"（现状 =0）						
统一	0.773	(-0.92)	0.659	(-1.39)	0.655	(-1.41)
"独立"	1.713	(2.94)	1.631	(2.65)	1.651	(2.70)
身份（非台 =0）						
台湾人	1.898	(3.78)	1.821	(3.48)	1.823	(3.48)
籍贯（客家 =0）						
闽南	1.049	(0.20)	1.068	(0.27)	1.084	(0.33)
其他省	0.449	(-2.11)	0.452	(-2.05)	0.460	(-2.00)
政党（无倾 =0）						
泛蓝	0.617	(-2.48)	0.651	(-2.16)	0.649	(-2.18)
泛绿	2.908	(5.71)	2.926	(5.66)	2.909	(5.63)
教育（高中 =0）						
中小	1.220	(0.92)	1.234	(0.96)	1.234	(0.96)
专上	0.892	(-0.60)	1.019	(0.10)	1.016	(0.08)

续表

	模型（1）		模型（2）		模型（3）	
	Exp(β)	S.E.	Exp(β)	S.E.	Exp(β)	S.E.
地区（中部=0）						
北部	1.371	(1.45)	1.376	(1.45)	1.391	(1.50)
南部	1.111	(0.47)	1.035	(0.15)	1.048	(0.20)
东部	1.230	(0.49)	1.055	(0.12)	1.064	(0.14)
世代（60以上=0）						
20-25	0.642	(-1.33)	0.780	(-0.73)	0.770	(-0.76)
26-59	1.149	(0.59)	1.221	(0.83)	1.210	(0.79)
性别（男性=0）						
女性	1.090	(0.53)	1.091	(0.53)	1.085	(0.49)
N	933		928		928	
Log Likelihood	-509.74394		-497.94051		-495.35436	
df	17		18		19	
AIC	1.131		1.110		1.111	
Pseudo R2	0.1580		0.1727		0.1736	

数据来源："两岸关系和国家安全民意调查"（2012），主持人：牛铭实。因变量：0=加强两岸经贸开放/无具体立场；1=管制两岸经贸开放。t statistics in parentheses $p < 0.10$, $p < 0.05$, $p < 0.01$；

　　根据表4中模型（2）到模型（3）的结果显示：控制民众对"受益程度"的判断后，"低阶"作为一个独立变量仍然显著地影响民众的两岸经贸态度。相对于中阶，低阶民众选择管制两岸经贸的立场是选择其他立场的1.462倍[exp（0.380）]。虽然系数有所降低，由原来的0.449变为0.380，但下降幅度微小（15%）。所以"低阶"民众并非因为绝对意义上的"利益受损"而反对两岸经贸开放。换言之，受益程度并非阶级因素对政治态度的作用机制。
　　那么，阶级发挥作用的机制是什么？基于上述经验考察的结果，本文作者认为：民众的政治态度/立场还不只取决于其对利益的"认知/判断"，还需要对"认知/判断"进行评价。而这样的评价不是在"真空"中完成的，往往与产生评价的"脉络"有关——脉络既涉及个人"之前—之后"的比较，还包括"自己—他人"的比较。因此，作者认为，上述"实际受益程度"是针对自身情况"之前—之后"的比较结果，而对阶级因素，"自己—他人"的比较结果，可能才是影响不同阶层人群政治态度的重要机制。毕竟，阶级本身所代表的核心含义反映的是利益分配的结果。因此，阶级因素最终反映到政治态度，其中的关键不在于两岸经贸政策是否造成了该阶层人群绝对意义上的利益得失，而是两岸经贸所带来的利益在不同阶级中的分配是否公平。也就是说，即便不同阶级在两岸经贸中都得到了惠利，但是因为所得惠利差距太大，对处于低阶的人群而言，这就造成了一种"相对"利益损失。相对剥夺感带来的痛感，更容易激发民众对两岸经贸的反感。① 因此，阶级因素对台湾民众两岸经贸态度的影响，是通过人们对"相对利害"的认知发挥作用的。

五、结论与讨论

两岸经贸整合一直被当作"经济改变政治"的试验场域。② 今日的两岸，虽然政治军事上仍有对立，但就经贸合作交流而言，已属举世最密切的经济实体。这样密切的经贸往来，不可能不带来深远的政治影响。那么作为国家统一大业策略之一的两岸经贸——尤其是大陆出台的"惠台利民政策"——是否带来我们预期的影响，成功赢得台湾民心？③ 对此，本文通过分析四轮平行的台湾民调数据发现：台湾民众对经贸整合所持态度，曾经历极其剧烈的起伏震荡；两岸经贸整合的进程，其实也远比原先预期来得复杂困难。

本文发现：一方面台湾民众对于两岸经贸的立场，明显历经两波起伏；

---

① 孙云、易亮：《两岸关系和平发展背景下台湾民众社会心态分析》，《台湾研究集刊》，2017 年第 5 期，第 1—9 页。

② 耿曙：《经济扭转政治？中共"惠台政策"的政治影响》，《问题与研究》，2009 年第 3 期，第 1—32 页；陈映男、耿曙、陈陆辉：《依违于大我、小我之间：解读台湾民众对两岸经贸交流的心理纠结》，《台湾政治学刊》，2016 年第 1 期（6 月号），第 1—59 页。

③ Keng, Shu & Emmy Ruihua Lin. "Bidding for Taiwanese Hearts: The Achievements and Limitations of China's Strategy to Engage Taiwan," in New Dynamics in Cross-Taiwan Straits Relations: How Far Can the Rapprochement Go? Richard Weixing Hu ed., *London & New York: Routledge,* 2012:169-189; Keng, Shu, Jean Yuzhen Zeng & Qiang Yu. "The Strengths of China's Charm Offensive: Changes in the Political Landscape of a Southern Taiwan Town under Attack from Chinese Economic Power," *The China Quarterly,* 2017, No. 232: 956-981.

另一方面，影响民众两岸经贸立场的因素，也显示出清晰的阶段差异。左右台湾民众立场的力量，早期被"认同"因素主导，随着时间的推移，"阶级"因素的作用愈发重要。与此同时，本文发现，联结"经贸交流"与"政治立场"的"切身利害"问题，实际非常复杂。第一，台湾民众主要是依据其"认知利害"，而非仅"实际利害"，形成其经贸立场。第二，民众政治立场更多取决于所认知的"相对收益"而非其"绝对收益"，即民众更关切所处的社会位置。如果他们发觉其社会地位日渐低落，将形成一定程度的"公平感受认知"与"自我危机意识"，并进而影响他们的政治态度与政治立场。

从全球化视角来看，上述发现也意味着，对于台湾民众而言，两岸经贸整合既涉及两岸关系的定位，又与经贸开放脱不了关系。就后者而言，对于台湾这样体量较小的经济体，必然深度仰赖对外的经贸交流，也难免受各种外来的经贸影响。这类影响往往进而产生不同的分配后果——既创造出自由贸易的赢家，也制造了经贸开放的输家——自然形成针对"经贸开放与否"的政治争议，即所谓"分配政治"（distribution politics）。[①] 由于大陆是台湾最重要的贸易伙伴，两岸各种交流不绝于途，因此上述"开放—保护"之争又与"两岸问题"交缠纠葛。典型如前述"太阳花运动"中，便在其《宣言》中将台湾的分配恶化趋势、弱势群体问题归咎于两岸经贸开放，抗议所谓"跨海峡政商网络"。这样的发展趋势，促成了"经贸问题"与"统'独'问题"的合流。[②] 上述纠葛正是现阶段两岸经贸问题最重要的特征。

面对政治与经济交缠纠葛的两岸经贸问题，解决之道应该在分开解结。两岸经贸整合过程中出现的各种冲击与争议——本文所发现的各种"绝对收益""相对收益"，各种地位升降与预期及不安等等——本质上与统独问题可

---

① 类似的情况请参考 Katzenstein, Peter J., Small States in World Markets: Industrial Policy in Europe, Ithaca, NY: Cornell University Press, 1985; Katzenstein, Peter J., Corporatism and Change: Austria, Switzerland, and the Politics of Industry, Ithaca, NY: Cornell University Press, 1984; Keohane, Robert O. & Helen V. Milner eds., Internationalization and Domestic Politics, Cambridge & New York: Cambridge University Press, 1996; Garrett, Geoffrey. Partisan Politics in the Global Economy, Cambridge & New York: Cambridge University Press, 1998.

② 耿曙、陈陆辉：《两岸经贸互动与台湾政治版图：南北区块差异的推手？》，《问题与研究》，2003 年第 6 期，第 1—27 页；郑振清：《分化社会挑战民主政治——台湾政治周期及其经济社会根源》，《文化纵横》，2016 年第 2 期，第 56—63 页；郑振清、段哲哲、杨子申：《政治偏好、经济利益与威慑感知——蔡英文执政时期台湾民众"九二共识"立场的影响因素分析》《台湾研究集刊》，2018 年第 3 期，第 13—22 页。

以分开对待。两岸经贸整合的过程，其实是台湾"经济全球化"无法避免的部分，与两岸关系本身没有必然联系。问题是大陆恰好是台湾最主要的贸易伙伴，开放获利与冲击的主要来源，因而也不可避免地分别扮演起"财神爷"与"替罪羊"的角色。从这个角度看，如果从政治经济的角度，解读两岸经贸互动与台湾政治发展，其实也不妨视为更广泛的"全球潮流与地方回应互相塑造"的一个案例，若能从这个角度观察，也许两岸经贸与台湾民意的问题，会更具有一般性的意义与价值。

技能专有性与投票行为：基于台湾地区的研究 [①]

凌　争，蒙　克

（清华大学 公共管理学院）

摘要： 在竞争性选举制度下，风险如何塑造选民投票行为？本研究通过引入"技能专有性"为投票理论提供新的解释框架。技能专有性分为通用型技能和专用型技能两类。由于专用型技能劳动者多从事制造业工作，经济全球化造成的"去工业化"更可能导致这部分劳动者面临失业风险。当专用型技能劳动者难以抵挡"去工业化"带来的失业风险，公权力机构就成为他们的诉求对象。以政治手段抵御失业风险成为这部分选民保障自我利益的主要途径。因此，在竞争性选举下，专用型技能选民更可能支持满足他们利益的政党；同时，政党通过将这部分选民最关心的议题作为选举纲领争取选票。基于 2016 年的台湾选举与民主化调查的计量分析支持了上述观点。

关键词： 投票；风险；技能专有性；去工业化

一、问题的提出

选举被当作界定民主制度的基石，投票被当作公民政治参与最基本的手段。以"投票行为"为主题的研究成为选举研究的中心议题，形成社会学、

————————

①　基金项目：国家社科基金青年项目"养老、就业和家庭政策统筹协调机制的研究"（16CGL045），清华大学"清峰"前置式奖学金（THQF2018-07），"清华大学江村学者计划"。

经济学两大研究路径。社会学研究路径以群体以及群体所属的社会结构影响选民投票为基础，依据选民态度划分为社会学范式与社会心理学范式。经济学研究路径以理性选择为基础，强调选民偏好对投票行为的影响。其中，"回顾型投票"（Retrospective Voting）和"展望型投票"（Prospective Voting）是经济学研究路径下的两大理论。回顾型投票强调过去的经济状况或现任领导人的经济政策对选民投票的影响，展望型投票理论强调现时状况和未来预期对选民投票的影响。由于选民更加关注未来经济的预期，展望型投票比回顾型投票更受青睐。然而，展望型投票理论难以克服基于理性选择模式的投票悖论，即如何测度未来对选民投票的"成本—收益"影响，这使得展望型投票发展遭遇瓶颈。

　　本研究遵循投票研究的经济学研究路径，提出一个新的解释框架：通过引入"技能专有性"，尝试回应经济学研究路径下展望型投票理论的悖论难题。"技能专有性"来自人力资本理论。[①] 该理论区分了两种人力资本：通用型技能（general skills），指能够在多个行业间迁移和应用，为劳动者带来收入；专用型技能，指在产业间的可迁移性较低，只能在很狭窄的某几个甚至一个行业领域内创造市场价值。[②] 技能专有性，能够捕捉选民"成本—收益"的指标，即工人失业风险。专用型技能工人若是失业，其技能专有性极大地限制了可供其选择的工作类型，从而增大再就业难度，延长失业时间。[③] 为应对失业风险，确保自身经济安全，专用型技能工人投票给确保其经济安全的政党。规避失业风险使得技能专有性影响选民的投票行为。技能专有性，为选民"成本—分析"提供了可供测度的要素，为展望型投票"成本—收益"的难题提供了一种测度形式。

　　为考察技能专有性对投票的影响，本研究选择台湾地区作为研究对象。台湾是本研究的一个代表性案例。在台湾地区，以本省/外省、本土/外来为代表的族群影响台湾选民投票，[④] 族群认同仍然是影响政党认同的重要因素。

---

　　① Gary S. Becker, *Human Capital*, Chicago：University of Chicago Press,1962.

　　② 蒙克：《技能专有性、福利国家和欧洲一体化——脱欧的政治经济学》，《世界经济与政治》2016 年第 9 期。

　　③ M. Estevez-Abe, T. Iversen & D. Soskice, "Social Protection and the Formation of Skills: A Reinterpretation of the Welfare state". In Varieties of Capitalism: The Institutional Fpundations of Comparative Advantage,ed, Peter A. Hall and David Soskice. New Yosk: Oxford,2001.

　　④ 王甫昌：《族群政治议题在台湾民主转型中的角色》，《台湾民主季刊》，台北，2008 年第 2 期。

同时，阶级地位与政党认同显著相关，[①] 各阶层之间的收入分配差距日益扩大，为选举期间各政党开展社会动员的新空间。[②] 族群、阶级仍然是影响台湾地区选民投票的主要因素，如果在台湾能识别出技能专有性，那么技能专有性将对其他竞争性选举地区的投票具有较强影响力。本研究将利用2016年的台湾选举与民主化调查 [③]（Taiwan Election and Democratization Studies，简称TEDS2016），实证检验技能专有性是否影响选民投票。

为论证上述观点，本研究接下来分为四个部分：首先，以方法论上的个人主义为衡量标准，综述学界投票行为文献，并进一步聚焦台湾投票行为研究文献；然后，建立分析框架，结合去工业化、风险转移以及技能专有性等理论，解释技能专有性为何促使专用型技能选民投票；利用TEDS2016，对理论进行实证检验；最后，基于实证发现，讨论本研究对展望型投票理论的意义，并批判性地审视竞争性选举体制下地区的选举问题，对中国具有哪些意义，尤其涉及两岸统一问题。这些政策议题将在本研究结尾得到讨论。

二、文献回顾

选举研究发轫于美国，并逐渐形成生态学研究（Ecological Approach）、社会学研究（Sociological Approach）、社会心理学研究（Social-psychological Approach）、经济学研究（Economic Approach）四大研究范式。本研究以方法论的个人主义为分类标准，将投票研究大致分为社会学范式（方法论上的非个人主义）与经济学范式（方法论上的个人主义）两大类。

社会学范式强调选民的社会特质影响投票行为，包括宗教、民族背景、阶级、种族。[④] 早期的社会学范式认为了解选民团体的政治行为便能够了解选

---

① 李秘：《台湾选民的政党认同——基于2004、2008、2012年三次"总统"选举的分析》，《台湾研究集刊》2013年第2期。

② Zheng Zhenqing, "Taiwan's Wealth Gap and the Evolution of Electoral Politics after the 2008 Global Financial Crisis", *Asian Survey* 53(5), pp. 825-853，2013.

③ 本文使用的数据全部采自2016年"台湾选举与民主化调查"计划（简称TEDS2016）。"台湾选举与民主化调查"（TEDS）多年期计划总召集人为台湾政治大学黄纪教授。详细资料请参阅TEDS网页：http://www.tedsnet.org。作者感谢上述机构及人员提供数据协助。本文之内容概由作者自行负责。

④ 加里·沃塞曼：《美国政治基础》，陆震纶译，北京：中国社会科学出版社，1994年。

民的投票行为。[①] 随着研究的不断深入，该范式发现社区、选区等因素影响选民投票。[②] 早期的社会学范式力图从宏观层面预测选民投票，较为忽视微观层面以及选民投票的主观意愿，导致对变量（如阶级）的解释力不足。[③] 基于此，社会学范式致力于弥补自身局限（这类研究即为上文所述的社会心理学研究），开始关注选民态度如何影响投票。其中，以政党认同为代表的"漏斗状模型"成为该研究范式的里程碑。该理论提出选民既具有长期稳定的投票倾向，又会受到选举过程中偶发事件的影响，投票选择是长期与短期因素共同影响的结果。[④] 随着投票研究的发展，社会学范式跳出了"漏斗状模型"，通过多样化方法研究政治认同。[⑤] 如今，政治认同在党派和无党派选举中都占有重要地位。[⑥] 通过关注选民态度，社会学范式从客观因素延伸至选民态度。然而，基于方法论的非个人主义，社会学范式只能停留在宏观层面，无法从个体层面研究拓展投票研究。

经济学范式将投票研究从团体转向选民个体。安东尼·唐斯首先将公共选择理论运用于投票研究，认为追求效益最大化是选民投票的目标。[⑦] 威廉·莱克和彼得·奥德舒克基于"成本—收益"提出数学公式解释选民的投票逻辑。[⑧] 在此基础上，经济学范式提出了回顾型投票和展望型投票。回顾型投票强调选民关注候选人的政见主张，他们会根据执政党的政策结果尤其是经

①   详见：Bernard Berelson, P. F. Lazarsfeldand W. N. Mcphee, "Voting :A Study of Opinion Formation in APresidential Campaign". *American Journal of Sociology* ,1954,21(1), pp. 55-82；Paul Felix Lazarsfeld , Bernard Berelson, and Hazel Gaudet, *"The People's Choice: How the Voter Makes up His Mind in a Presidential Campaign",* by Paul F. Lazarsfeld [et al.]. Columbia University Press,1965.

②   详见：Ron Johnston, et al, "Region, Local Context, and Voting at the 1997 General Election in England". *American Journal of Political Science* ,2007,51(3), pp. 640-654；Michael Bratton, Ravi Bhavnaniand Tse-Hsin Chen, "Voting Intentions in Africa: Ethnic, Economic or Partisan? " *Commonwealth & Comparative Politics,*2012, 50(1), pp. 27-52.

③   利昂·D. 爱泼斯坦：《西方民主国家的政党》，何文辉译，北京：商务印书馆，2014 年。

④   陈义彦、黄丽秋：《选举行为与政治发展》，台北：李明文化事业股份有限公司，1992 年。

⑤   Elias Dinas, "Does Choice Bring Loyalty? Electoral Participation and the Development of Party Identification". *American Journal of Political Science* ,2014,58(2), pp. 449-465.

⑥   Chris W.Bonneau,M. Cann Damon, "Party Identification and Vote Choice in Partisan and Nonpartisan Elections". *Political Behavior* ,2015,37(1), pp. 43-66.

⑦   Anthony Downs, *An Economic Theory of Democracy.* New York: Harper,1957.

⑧   William H.Riker, Peter C. Ordeshook, "A Theory of the Calculus of Voting". *American Political Science Review* ,1968,62(1), pp. 25-42.

济表现投票。[①] 然而，选民更加关注未来的经济预期，这使得回顾型投票遭受质疑。[②] 基于此，学界对回顾型投票加以修正，并逐步发展出展望型投票。[③] 展望型投票强调未来预期对选民投票的影响，而非过去和现在的经验。[④] 执政党及其领袖的能力成为选民投票的重要预期。[⑤] 然而，展望型投票理论难以较好地测度未来如何影响选民"成本—收益"，学界试图从低成本、博弈论、伦理选民、投票激励等角度回应，[⑥] 但解释力有限。[⑦] 展望型投票发展遭遇瓶颈。

台湾地区的投票文献可归为以上两大范式。台湾选民投票表现出强烈的政党认同，与选民的省籍结构、族群密切相关；[⑧] 同时，社会结构较为分歧会

①　Valdimer Orlando Key, *The Responsible Electorate*. Cambridge:Harvard University Press,1966.

②　详见：Morris P.Fiorina, "Retrospective Voting in American National Elections：A Micro-Analysis". *American Journal of Political Science*, 1978,22(2), pp.426-433；Dean Lacy, Dino P. Christenson". Who Votes for the Future?Information, Expectations, and Endogeneity in Economic Voting". *Political Behavior* ,2016,39(2), pp.1-29.

③　谭融、袁维杰：《美国选民投票行为的理论分析》，《天津师范大学学报（社会科学版）》2012 年第 5 期。

④　详见：Morris P.Fiorina, *"Retrospective Voting in American National Elections"*. New Haven: Yale University Press,1981；Michael B.MacKuen, Robert S. Eriksonand James A. Stimson, "Peasants or Bankers? The American Electorate and the US Economy". *American Political Science Review* ,1992,86(3), pp.597-611.

⑤　详见：Kathleen A.Bratton, "Retrospective Voting and Future Expectations: The Case of the Budget Deficit in the 1988 Election". *American Politics Quarterly* ,1994, 22(3), pp. 277-296；Martin Rosema, "Partisanship, Candidate Evaluations, and Prospective Voting". *Electoral Studies* ,2006, 25(3), pp. 467-488.

⑥　详见：John A.Ferejohn, Morris P. Fiorina, "The Paradox of not Voting: A Decision Theoretic Analysis". *American Political Science Review* ,1974, 68(2), pp.525-536；李路曲：《比较政治学解析》，北京：中央编译出版社，2015 年；杨先保：《选民投票的政治心理分析》，《武汉理工大学学报（社会科学版）》2006 年第 2 期；格林、沙皮罗：《理性选择理论的病变》，徐湘林、袁瑞军译，桂林：广西师范大学出版社，2004 年。

⑦　详见：Paul F. Whiteley, "Rational Choice and Political Participation: Evaluating the Debate". *Political Research Quarterly* 1995, 48(1), pp.211-233；丹尼斯·C.缪勒：《公共选择理论》，韩旭、杨春学等译，北京：中国社会科学出版社，2010 年；格林、沙皮罗：《理性选择理论的病变》，徐湘林、袁瑞军译，桂林：广西师范大学出版社，2004 年。

⑧　张华：《浅析台湾地区领导人选举选民投票行为的政党认同取向》，《台湾研究》2009 年第 3 期。

产生特定政党认同，主宰选票；[1] 族群认同对台湾选民投票具有重大影响。[2]
政党认同、阶级、族群、政治认同等因素影响台湾选民投票。[3] 台湾地区的
投票研究作为社会学范式和经济学范式中的区域研究，亦无法解决如上问题。
基于此，本研究遵循投票研究的经济学范式，提出一个新的解释框架：通过
引入"技能专有性"，尝试回应经济学研究路径下展望型投票理论的悖论难
题。

三、分析框架：风险、技能专有性与投票行为

选民通过投票支持政党领袖，满足个人或集体的利益诉求。因此，选民
会将选票投给那些满足他们利益诉求的政党领袖。在展望型投票中，选民会
以现时状况、未来预期、候选人政策主张以及是否能够解决问题作为投票依
据。因此，展望型投票选民具备多种投票动机。本研究引入"风险"视角研
究展望型投票，通过风险揭示选民投票行为。这是因为现代社会是风险社会，
风险成为选民必须关心和应对的客观存在。风险是结构化不确定性和可算计
不确定性的产物。传统社会通过村庄、宗族等"集体共同体"形式应对风险，
现代社会经历"脱嵌"过程，[4] 风险结果由原子化的个人承担。在现代社会，
政府承担了传统社会"集体共同体"职能，通过将不确定性转化为风险以及
制定和执行公共政策规避风险。规避风险是现代政府存在的重要使命，选民

① 吴乃德：《家庭社会化和意识形态：台湾选民政党认同的时代差异》，《台湾社会学研究》，台北，1999 年第 3 期。

② 王甫昌：《台湾民主政治与族群政治的冲突》，载游赢隆主编：《民主巩固或崩溃：台湾21 世纪的挑战》，台北：月旦出版社股份有限公司，1997 年。

③ 详见：吴乃德：《国家认同和政党支持：台湾政党竞争的社会基础》，《"中央研究院"民族学研究所集刊》，台北，1992 年总第 74 期；吴乃德：《家庭社会化和意识形态：台湾选民政党认同的时代差异》，《台湾社会学研究》，台北，1999 年第 3 期；吴乃德：《认同冲突和政治信任：现阶段台湾族群政治的核心难题》，《台湾社会学期刊》，台北，2002 年第 4 期；陈义彦、陈陆辉：《模棱两可的态度还是不确定的未来：台湾民众"独"观的解析》，《中国大陆研究》（台北）2003 年第 5 期；吴重礼、许文宾：《谁是政党认同者与独立选民——以 2001 年台湾地区选民政党认同的决定因素为例》，《台湾政治科学论丛》，台北，2003 年总第 18 期；吴乃德：《爱情与面包：触探台湾民众民族认同的变动》《台湾政治学刊》，台北，2005 年第 2 期；王甫昌：《族群政治议题在台湾民主化转型中的角色》，《台湾民主季刊》，台北，2008 年第 2 期；萧怡靖：《台湾选举与民主化调查之政党认同测量的探讨》，《选举研究》，台北，2009 年第 1 期；沈筱绮：《故土与家园：探索"外省人"国家认同的两个内涵》，载张茂桂主编：《国家与认同：一些外省人的观点》，台北：群学出版社，2010 年；张传贤、黄纪：《政党竞争与台湾族群认同与国家认同间的联结》，《台湾政治学刊》，台北，2011 年第 1 期。

④ 安东尼·吉登斯：《现代性的后果》，田禾译，南京：译林出版社，2000 年。

通过投票选择其认为有助于规避风险的政府，政府则通过公共政策实践其规避风险的政治承诺，这基于选民对政府的"制度性信任"[①]。

为更好地解释"风险"与选民投票，本研究引入"技能专有性"为展望型投票提供一个新的解释框架。众所周知，专用型技能使劳动者在市场上具备专项价值，但不具备复合价值，这决定了劳动者在市场上面临失业风险。专用型技能劳动者多从事与工业化相关的工作，而经济全球化导致经济发达地区产生"去工业化"——主要是结构性"去工业化"，通过各种形式的"外包"，即制造业环节的国际、地区间转移，去掉工业化中"微笑曲线"的低端生产，[②] 大多表现为制造业就业的下降。面对"去工业化"，发达国家与地区的专用型技能劳动者将面临失业风险。同时，专用型技能劳动者市场再就业能力差，失业将对社会安定产生潜在威胁，当市场难以抵挡"去工业化"带来的失业风险，政府就成为他们唯一的诉求对象。以政治手段干预经济全球化带来的"去工业化"，是专用型技能选民保障自我利益的有效途径。因此，在竞争性选举体制下，专用型技能选民会选择那些能够保障他们利益的政党，而政党也会投其所好，以这部分选民最关心的议题为执政纲领，获取政治支持。

全球化促使企业迁出台湾，台湾地区劳工面临失业风险。同时，专用型技能选民在台湾难以择业、再就业，市场的可替代性使劳工处于失业风险。面对全球化市场对台湾市场的冲击，产业空洞化带来的社会的无序，台湾地区选民希望能够对抗全球化冲击，公共权力成为他们唯一的诉求对象。因此，专用型技能选民会选择那些保障其免受产业空洞化影响的政党。研究结果表明，政治认同不清晰的选民会因为这些政策而选择满足他们利益的政党，技能专有性改变了以族群、阶级为基础的选票结果。研究发现，中下层选民和年轻人认为：即使自己不是两岸经济关系紧密的受害者，至少也没有从中获益。[③] 国民党忽视了专用型技能劳动者，所以丧失了原有的支持者；民进党则抓住选民诉求，在 2016 年选举中大获全胜。

---

① Oliver E. Williamson, "Calculativeness, Trustand Economic Organization" .*The Journal of Law and Economics* 1993, 36.1, Part 2, pp.453-486.

② 王秋石、李国民、王展祥：《去工业化的内涵、影响与测度指标的构建——兼议结构性去工业化和区域性去工业化》，《当代财经》2010 年第 12 期。

③ 巫永平：《价值、利益与代表：台湾社会与民意的变与不变》，《中国评论》，香港，2017 年第 5 期。

四、实证分析：来自 TEDS2016 的证据

如果投票选择真如上述理论分析所揭示的，是选民面对"去工业化"造成的失业风险的应对，那么可以推知，支持民进党在面临高失业风险的专用型技能工人身上更为强烈。换言之，当其他条件相同时，与通用型技能劳动者相比，专用型技能劳动者更可能支持民进党。为检验这一假说，将使用最新一轮（2016 年）的"台湾选举与民主化调查"（简称 TEDS2016）进行验证。该调查在全台湾地区选民内随机抽取 1000—1500 个样本，完整记录了受访人的性别、年龄、职业、教育程度、族籍、政党认同、统"独"立场等信息。

本文假说的自变量是选民的技能专有性程度。劳动经济学用个人职业类别，尤其是 1988 年版的国际标准职业分类（International Standard Classification of Occupation，简称 ISCO88）中的职业大类来指征劳动者的技能种类。[①] 一类是专用型技能，其可迁移性低，只能应用于有限的几个行业，是大多数制造业职业所要求的技能，尤其是 ISCO88 的第 7 和第 8 大类职业，即工艺及相关工种劳动者（craft and related trade workers）、厂房及机器操作员和装配员（plant and machine operators and assemblers）；另一类是通用型技能，其可迁移性高，能应用于许多行业，是大多数服务经济的职业所要求的技能。[②] 按照传统文献的做法，我们将第 7 和第 8 大类职业的从业者认定为专用型技能劳工。近来有文献认为，第 2 大类（专业人士）和第 3 大类（技术人员）职业中在工程、生物制药、医疗等高端制造业领域的科研工作者和技术人员也易受失业风险的影响。[③] 本文也认为这部分劳动者的技能迁移性较弱，应算作专用型技能从业者（即便不将这部分职业视为专用性技能，本文结论仍然不变。具体的稳健性检验将在后文论述）。除了上述职业，ISCO88 中的

---

① ISCO88 是国际劳工组织（ILO）制定的标准职业分类体系，适用于发达和发展中经济体，含 9 大类（共 412 小类）职业，分别是：（1）官员和管理者；（2）专业人员；（3）技术人员；（4）一般职员；（5）服务人员；（6）农业和渔业工人；（7）工艺及相关工种人员；（8）厂房及机器操作员和装配员；（9）初级工人。

② T. Fleckenstein, M. Seeleibkaiser & A. Saunders, "The Dual Transformation of Social Protection and Human Capital: Comparing Britain and Germany". *Comparative Political Studies*, 2011,44(12), pp.1622-1650.

③ A. Wren & P. Rehm, "Service Expansion,International Exposure and Political Preferences". In A. Wren (Ed.), *The Political Economy of the Service Transition*, Oxford:Oxford University Press, 2013,248-281.

其余劳动者都为通用型技能工人。于是，最终构建的自变量是一个二元变量（1= 受访者拥有专用型技能，0= 拥有通用型技能）。

本文假说的因变量是受访者的投票行为。为全面而准确地捕捉受访人的投票行为，我们综合了 TEDS2016 中的两个问题（J1a、J1e），其构建方法如下：首先，对于问题 J1a("请问您投票给哪一组候选人")和问题 J1e（"假如您去投票，请问您会投给哪一组候选人"），选择蔡英文组赋值为 1，选择朱立伦组、宋楚瑜组赋值为 0。综上，本文构建了一个二元的因变量（1= 支持民进党，0= 不支持民进党），统计估计采用 Logistic 模型。

本文的控制变量分为三类（详见表 1）。第一类是个人状况，包括性别、年龄、教育、经济收入。其中，年龄以 29 岁为界，分为 29 岁以上和以下的受访者。这一区分是为了检验当前一些对台湾青年运动的研究所提出的观点，即新世代的统"独"立场也许与长辈不同。[①]教育程度也分为大学以上和以下两部分群体，这是因为已有定量研究表明，教育要达到某一水平后才能塑造一个人的统"独"意识。[②]考察经济收入则是为了测度受访人所属的阶级。众所周知，统"独"立场已成为台湾选民投票的重要条件，它与本文所研究的投票给蔡英文组还是朱立伦组、宋楚瑜组紧密联系。第二类控制变量是前文综述的一系列解释投票行为社会学范式的竞争性假说，包括族群认同、阶级、政治认同、领土认同和政党认同四套理论。第三类控制变量是前文所述的一系列解释投票行为经济学范式的竞争性假说，主要以回顾型投票与展望型投票为代表，包括马英九执政、社会福利、贫富差距、收入偏低、两岸关系、经济发展。本研究在 TEDS2016 中识别出可将这些理论进行操作化的问题，作为重要的控制变量。

---

① 刘凌斌：《两岸大交流背景下台湾青年的"国家认同"研究》，《台湾研究》2014 年第 5 期；郑振清：《台湾新世代社会运动中的"认同政治"与"阶级政治"》，《台湾研究》2015 年第 3 期。

② 张桂茂、吴忻：《教育对统"独"作用的倾向》，《台湾政治学刊》，台北，1997 年第 1 期。

表 1　定量分析中使用的变量

	变量名称		变量测量
控制变量	个人状况	性别	1= 男性；0= 女性
		年龄	1= 小于等于 29 岁；0=29 岁以上
		教育	S4：请问您的教育程度是什么？ 1= 大学及以上；0= 大学以下
		经济收入	S16：请问您家庭每个月总收入大约是多少（包括薪资以外的其他收入，如房租、股利等等）？ 1=28,000 元 以 下 ①1；2=28,001—39,000 元；3=39,001—49,000 元；4=49,001—59,000 元；5=59,001—69,000 元；6=69,001—80,000 元；7=80,001—93,000 元；8=93,001—111,000 元；9=111,001—141,000 元；10=141,001 元以上
	社会学投票理论	族群认同	S2：请问您的父亲是本省客家人、本省闽南人、大陆各省市人、"台湾地区少数民族"②，还是新住民？ 1= 本省客家人 / 本省闽南人 / "台湾地区少数民族" 0= 大陆新住民 / 大陆各省市人 / 外国新住民
		领土认同	P1：在我们社会上，有人说自己是台湾人，也有人说自己是中国人，也有人说都是。请问您认为自己是台湾人、中国人，或者都是？ 1= 台湾人；0= 中国人 / 都是
		政治认同	N1：我们社会上的人常讨论两岸统一与"台湾独立"的问题。有人主张台湾应该尽快宣布"独立"；也有人认为两岸应该尽快统一；还有人的看法是在于两种看法之间。如果主张台湾应该尽快宣布"独立"的看法在一边，用 0 表示；认为两岸应该尽快统一的看法在另一边，用 10 表示，请问您比较靠哪里？ 0= 台湾应尽快"独立"，10= 两岸应尽快统一，在"台独"到统一之间分别为值 1 到 9。
		阶级	S15：如果我们把社会地位分成上层、中上层、中层、中下层和下层，请问您认为您是属于哪一类？ 1= 上层；2= 中上层；3= 中层；4= 中下层；5= 下层
		政党认同	Q3a：请问哪一个政党可以代表您的想法？ 1= 民进党；0= 国民党

① 本题中所有选项的"元"指的是新台币。
② 关于"台湾地区少数民族"的含义，详见 TEDS2016 问卷 S2 题。

续表

	变量名称		变量测量
控制变量	经济学投票理论	马英九执政	C1：请问您对马英九担任地区领导人期间的整体表现，是非常满意、还算满意、不太满意，还是非常不满意？ 1= 不太满意 / 非常不满意；0= 非常满意 / 还算满意
		社会福利	Q6：在社会福利方面，请问您觉得国民党与民进党相比？ 0= 国民党更好；1= 民进党更好；2= 两党都不错；3= 两党都不好
		贫富差距	K7：请问您认为社会上贫富差距的问题严不严重？ 0= 不太严重；1= 非常严重；2= 还算严重
			K7a：请问您认为哪一组"总统候选人"最有能力解决贫富差距的问题？ 0= 朱立伦组和宋楚瑜组；1= 蔡英文组
		收入偏低	K8：请问您认为薪水阶级收入偏低的问题严重不严重？ 0= 非常不太严重；1= 不太严重；2= 还算严重；3= 非常严重
			K8a：请问您认为哪一组"总统候选人"最有能力解决收入偏低的问题？ 0= 朱立伦组和宋楚瑜组；1= 蔡英文组
		两岸关系	Q4：在两岸关系上，请问您觉得国民党与民进党相比的话，1：国民党好很多；2：国民党好一些；3：民进党好一些；4：民进党好很多；5：两个政党都不错；6：两个政党都不好。请问您觉得是哪一个？ 0= 国民党更好；1= 民进党更好；2= 两党都不错；3= 两党都不好
		经济发展	Q5：在经济发展方面，请问您觉得国民党与民进党相比？ 0= 国民党更好；1= 民进党更好；2= 两党都不错；3= 两党都不好
因变量	投票行为		J1a、J1e（构建方法详见正文） 1= 支持蔡英文组；0= 支持朱立伦组和宋楚瑜组
自变量	技能专有性		S7a：请问您目前的职业是什么？ 1= 受访者拥有专用型技能（即 ISCO88 第 7、8 大类职业，以及第 2、3 大类中前四项职业） 0= 受访者拥有低级 / 高级通用型技能（即 ISCO88 第 1、4、5、9 类职业，以及第 2、3 大类的剩余职业）

注：该表为作者自制。

由于因变量是二元变量，本文采用 Logistic 回归模型。表 2 报告了基准模型的回归结果，模型 1 只包括自变量，模型 2 至 4 依次加入人口学、社会学投票、经济学投票等控制变量。在所有模型中，技能专有性的系数均为正数且显著，表明技能专有性与受访者将选票投给民进党呈正相关关系，符合理论预期。例如，模型 3 中技能专有性的系数（0.510）在可能性比例（odds ratio）的意义上，意味着与通用型技能工人相比，台湾的专用型技能劳工支持民进党的可能性要高出一倍。

表 2　基准模型 Logistic 回归结果

变量	模型 1	模型 2	模型 3	模型 4
技能专有性	0.308* (0.158)	0.442*** (0.170)	0.510** (0.249)	0.600** (0.269)
性别	—	0.0429 (0.125)	−0.0256 (0.189)	−0.0888 (0.215)
年龄	—	0.264* (0.156)	0.338 (0.220)	0.465* (0.261)
教育	—	0.417*** (0.133)	0.360* (0.196)	0.452** (0.220)
政党认同	—	—	3.100*** (0.265)	2.395*** (0.303)
领土认同	—	—	0.878*** (0.188)	0.322 (0.211)
族群认同	—	—	0.714*** (0.265)	0.469* (0.275)
政治认同	—	—	−0.185*** (0.0498)	−0.193*** (0.0559)
阶级	—	—	−0.0904 (0.142)	−0.0629 (0.152)
经济收入	—	—	−0.0222 (0.0346)	−0.0297 (0.0392)
贫富差距	—	—	—	−0.217 (0.501)

续表

变量	模型 1	模型 2	模型 3	模型 4
收入偏低	—	—	—	−0.913**
				(0.359)
蔡英文能否解决 贫富差距	—	—	—	0.898***
				(0.279)
蔡英文能否解决 收入偏低	—	—	—	1.144***
				(0.287)
经济发展	—	—	—	0.844***
				(0.265)
社会福利	—	—	—	0.393*
				(0.221)
马英九的执政	—	—	—	0.658***
				(0.213)
常数项	0.342***	0.0451	−0.593	−0.454
	(0.0661)	(0.212)	(0.751)	(0.968)
观察数	1216	1212	990	990

注：该表为作者自制，括号内为标准差。*** $p<0.01$，** $p<0.05$，* $p<0.1$。

表 3 的 4 个模型对上述结果进行了稳健性检验。对于自变量"技能专有性"的不同构建，模型 5 将 ISCO88 第 7、8 大类职业视为技能专有性，模型 6 将 ISCO88 第 6、7、8 大类职业视为技能专有性，模型 7 将 ISCO88 第 7、8 和第 3 的前四个职业（不包含失业）视为技能专有性，模型 8 将 ISCO88 第 7、8 和第 2、3 中的前四个职业（不包含失业）视为技能专有性。回归结果显示，技能专有性的系数显著为正，表明所有的稳健性检验都支持本文的核心假说，即技能专有性对受访者选择民进党具有正相关作用。相较于通用型技能的职业工人，专用型技能职业工人更愿意将选票投给民进党。

表 3　稳健性检验 Logistic 回归结果

变量	模型 5	模型 6	模型 7	模型 8
技能专有性	0.408*	0.725***	0.647**	0.464*
	(0.235)	(0.263)	(0.271)	(0.250)

续表

变量	模型 5	模型 6	模型 7	模型 8
性别	−0.0508	−0.0373	−0.0602	−0.0956
	(0.173)	(0.206)	(0.213)	(0.211)
年龄	0.480**	0.448*	0.463*	0.423
	(0.224)	(0.249)	(0.260)	(0.261)
教育	0.317*	0.507**	0.478**	0.458**
	(0.174)	(0.217)	(0.220)	(0.219)
政党认同	3.193***	2.398***	2.387***	2.386***
	(0.245)	(0.301)	(0.303)	(0.303)
领土认同	0.997***	0.388*	0.335	0.350*
	(0.174)	(0.205)	(0.210)	(0.210)
族群认同	0.938***	0.508*	0.478*	0.478*
	(0.249)	(0.270)	(0.273)	(0.270)
政治认同	−0.221***	−0.166***	−0.191***	−0.185***
	(0.0439)	(0.0553)	(0.0557)	(0.0546)
阶级	—	−0.0491	−0.0705	−0.0472
	—	(0.147)	(0.151)	(0.149)
经济收入	—	−0.0499	−0.0345	−0.0345
	—	(0.0376)	(0.0391)	(0.0390)
贫富差距	—	−0.124	−0.201	−0.204
	—	(0.489)	(0.500)	(0.497)
收入偏低	—	−0.829**	−0.892**	−0.897**
	—	(0.354)	(0.359)	(0.352)
蔡英文能否解决贫富差距	—	0.928***	0.891***	0.866***
	—	(0.267)	(0.278)	(0.276)
蔡英文能否解决收入偏低	—	1.049***	1.139***	1.144***
	—	(0.271)	(0.285)	(0.286)
经济发展	—	0.777***	0.839***	0.836***
	—	(0.259)	(0.265)	(0.266)

续表

变量	模型 5	模型 6	模型 7	模型 8
社会福利	—	0.386*	0.393*	0.378*
	—	(0.216)	(0.221)	(0.221)
马英九的执政	—	0.658***	0.635***	0.643***
	—	(0.210)	(0.213)	(0.214)
常数项	−1.068**	−0.781	−0.489	−0.502
	(0.428)	(0.967)	(0.964)	(0.953)
观察数	1,142	1,027	993	993

注：该表为作者自制，括号内为标准差。*** $p<0.01$, ** $p<0.05$, * $p<0.1$。

除了技能专有性对选民投票行为的关键作用，本研究还有如下发现：影响选民投票的，不是通常认为的阶级或经济收入。在实证分析中，本研究发现当方程中只有收入或阶级变量时，收入或阶级可以解释投票，但当控制技能专有性时，收入或阶级对投票影响便不显著。换言之，技能专有性同时决定了收入和阶级，而所谓收入或阶级影响选民投票，是一个虚假相关。这挑战了学界有关收入或阶级影响台湾选民投票行为的观点。[①] 本研究发现，"去工业化"导致专用型技能选民收入偏低，这才导致低收入或处于中下层阶级的台湾选民选择民进党。

五、结论

在竞争性选举体制下，哪些因素影响选民投票？本文遵循经济学范式投票研究，引入"风险"视角研究经济学范式下的展望型投票，揭示选民投票行为。为更好地解释"风险"与选民投票行为，本研究引入"技能专有性"为投票理论提供了一个新的解释框架。专用型技能选民多从事制造业工作，在经济全球化导致的经济发达地区"去工业化"背景下，面临失业风险。当他们难以抵挡"去工业化"带来的失业风险，政府就成为诉求的对象。因此，

---

① "各阶层之间的收入分配差距日益扩大，为选举期间各政党开展社会动员的新空间。"详见 Zheng Zhenqing. "Taiwan's Wealth Gap and the Evolution of Electoral Politics after the 2008 Global Financial Crisis", *Asian Survey*, 2013, 53.5, pp.825-853.

在竞争性选举体制下，专用型技能选民会选择那些能够满足他们利益的政党。本研究基于台湾地区选举，通过实证发现专用型技能工人最有可能选择民进党，证实了本研究的假说。基于本研究，技能专有性影响了收入或阶级对投票行为的影响，挑战了学界传统观点。关于技能专有性与投票行为的关系，未来将做进一步研究。

在全球化大背景下，技能专有性是在竞争性选举体制下影响投票的重要因素，无论英、美、法，政党竞选纲领都在保护专用型技能选民，而这很可能成为当下竞争性选举体制下解释选民投票的关键。必须说明，本研究也存在一定局限，关于技能专有性的测量来自西方文献，在台湾地区的适宜度还需进一步探讨。同时，本研究依据发达地区测量技能专有性，而技能专有性具体包括哪些职业技能仍需探讨。

经济绩效、政治腐败与政治信任：
台湾公众政治信任变迁研究（2001—2014）①

韩冬临　杨端程　陆屹洲
（中国人民大学国际关系学院）

摘要：政治信任反映了民心向背，是衡量政体合法性的重要标准。进入 21 世纪以来，无论是传统的自由民主国家还是在第三波民主化浪潮中实现民主转型的新兴民主国家和地区，其公众的政治信任都面临普遍下降的趋势。其中，台湾地区的政治信任与之相比既有普遍性也表现出特殊性。本文以实证研究为依托，发现在台湾民主转型及巩固的进程中，经济绩效、政治腐败深刻地影响了台湾公众的政治信任。具而言之，民主化导致的党争民主使得台湾公众对政治绩效、经济绩效的评价下降，进而影响到公众的政治信任。因此，这一特殊性现象有助于重新思考既有民主制度与政治信任之间的关系，从而为比较政治理论的发展与创新提供新的思考视角。

关键词：经济绩效；政治腐败；中国台湾；政治信任

虽然各个国家的政体各不相同，但是有效治理都离不开公众的信任与支持。政治信任体现了政体合法性，是民心向背的反映。但是从 20 世纪 70 年代开始，以美国、西欧和日本为代表的西方民主国家内部都出现了公众对政

---

①　本文原载于《上海交通大学学报》（哲学社会科学版）2018 年第 4 期，第 48—59 页，在收入文集时做了小部分增改。

府乃至政治体制信心衰落的局面，引发"民主的危机"[①]。因此，分析政治信任的影响因素，并且找出提升之道，是比较政治研究的重要议题。

在分析政治信任的诸多影响因素中，制度性的因素格外重要。民主化的系列经典研究认为发生政体转型的根本原因在于原政权政治合法性的丧失。因此，民主政权将拥有更高的合法性，也将得到更多公众的拥护。[②] 然而，民主转型带来的现实却并非如此，例如选举上台的政府面临着政治腐败、对公众的回应不足、治理能力低下等一系列问题，令人担忧"第三波民主化"会长期陷入低质量的停滞状态，并消弭所有深化改革的可能。[③] 对此，英格尔哈特（Ronald Inglehart）指出，尽管那些完成民主转型的国家在形式上达到了标准，但是这与达到稳定的民主政治即民主巩固还不可同日而语。[④] 同时，政治信任的变迁对完成民主转型的政权来说更为重要，它不仅是判断民主巩固的重要标准，也是测量民主质量的标准之一。尽管民主化是当代世界政治演化的重要趋势，但是其表现还不容乐观。一些实证研究进一步显示，民主转型未必带来政治信任的提升，相反，新兴民主国家随着民主"蜜月期"的进行性消逝，公众的政治信任非但没有上升反而面临下降的困境。[⑤]

台湾地区为比较民主化与政治信任提供了难得的案例。一方面，台湾民主化历史迄今已有30余年，如果按照"自由之家"（Freedom House）和"政体4"（Polity IV）的评价标准划分，台湾地区的政治制度已经从威权政体完全转型为自由民主政体。但是另一方面，一些自由民主政权面临着治理能力低下的困境。因此，本文旨在通过采用历史数据来分析台湾民主化之后，民

① Michel Crozier, Samuel P. Huntington, Joji Watanuki, *The Crisis of Democracy: Report on the Governability of Democracies to the Trilateral Commission*, New York: New York University Press, 1975.

② 在西方学界，关于"民主能从根本上提供终极合法性"的论述很多，其中亨廷顿的著作《第三波：20世纪后期的民主化浪潮》是最著名的代表之一。在此书中，亨廷顿指出，只有民主才能从根本上提供政体合法性。同时，他也乐观地估计民主将为越来越多的人所接受。参见 [美] 塞缪尔·P. 亨廷顿：《第三波：20世纪后期的民主化浪潮》，欧阳景根译，北京：中国人民大学出版社，2013年版，第297页。

③ Yu-tzung Chang, Yun-han Chu and Min-hua Huang, "Procedural quality only? Taiwanese democracy reconsidered," *International Political Science Review*, 2011, 32, pp.598-599.

④ 参见 [美] 罗纳德·英格尔哈特：《现代化与后现代化：43个国家的文化、经济与政治变迁》，严挺译，北京：社会科学文献出版社，2013年版，第175页。

⑤ Gabriela Catterberg, Alejandro Moreno, "The Individual Bases of Political Trust: Trends in New and Established Democracies", *International Journal of Public Opinion Research*, 2015, 18(1): pp.31-48.

主制度与公众政治信任之间的关系。全文首先回顾了民主制度与政治信任之间的关系，特别是从台湾的经济绩效和政治腐败两个视角进行分析。然后是选取数据、建立模型和回归分析，最后是对全文分析得出的结论进行总结。

一、民主化与政治信任：经济绩效和政治腐败

尽管政治信任存在不同的定义，但是毫无疑问的是它对整个政治体系具有非常重要的作用。如果参考伊斯顿（David Easton）关于政治体系分析的经典理论，可以将公众对政治体系的支持分为特定性支持（Specific Support）与普遍性支持（Diffuse Support），前者是公众对政治系统中诸如政党、政府、国会、法院等具体的政治机构的信任，而后者是指公众对整个政治共同体和政治系统的认同与支持。[①] 达尔顿（RussellDalton）在此基础上做了进一步的细化，他们将政治信任具体划分到政治共同体（国家）、政治原则、政治制度、政治绩效以及政治权威（当权者）等维度的光谱上。[②] 其次，政治信任还反映了民主制度运行的质量。一般认为，在民主制度下，法律和公共政策的制定都要尽可能地征求民意，开放公众参与，而政府相应的施政绩效也将直接影响到公众的心理认知及评估，最终反馈到政治信任层面，形成公众与政府间的双向互动。

事实上，政治信任受到多方面因素的影响，既包括个人层面因素，也包含结构层面因素。其中，制度绩效至关重要，良好的制度绩效有助于提高公众的政治信任，反之则让人心生不满。从制度的生成与变迁的逻辑看，制度环境的变迁决定制度安排，进而影响到制度绩效。[③] 同时，文化因素也是政治信任的重要来源，本研究主要从制度的结构性因素和制度运转绩效两个层面出发，分析台湾公众政治信任变迁的原因。

本研究认为，台湾公众政治信任下降最重要的原因来自经济和政治两个方面，主要是台湾民主化带来的政党政治发展导致恶性的党争民主，一方面使得政策制定高度政治化，阻碍了经济发展，而经济停滞导致了公众的不满。

---

① David Easton, "A Re-Assessment of the Concept of Political Support", *British Journal of Political Science*, 1975,5(4): pp. 436-437.

② Russell Dalton, *"Political Support in Advanced", in Critical Citizens: Global Support for Democratic Government, edited by Pippa Norris*, Oxford: Oxford University Press, 1999, pp.57-77.

③ 杨光斌：《制度范式：一种研究中国政治变迁的途径》，《中国人民大学学报》，2003 年第 3 期，第 119—121 页。

另一方面，在台湾政坛中，政党之间的政治斗争以"反腐败"为主线，并且与经济因素交互作用，共同损害了公众的政治信任。

就经济层面而言，一方面，低迷的经济表现招致公众不满，从而影响政治信任。这符合"经济绩效是任何政权合法性的最重要来源"这一观点。亨廷顿（Samuel Huntington）也曾指出，即使在新生的民主政权中，经济持续的低迷将累积民众的不满，动摇其合法性。如果再爆发经济危机，那么就为民主回潮和威权复辟提供了很大可能。[①]

就政治层面而言，虽然学界对民主的定义一直存在争议，但是西方自由民主政体的核心就是多党竞争性选举。因此，"多党自由竞选、轮流执政"是其绕不开的核心判断标准。西方学界普遍认为，与威权制度相比，民主制度拥有诸多的优点，其陈述逻辑为由于存在多党轮流执政的机制，朝野两党将互相监督，法治将得到充分发展，政治腐败将得到最大限度的遏制。

然而上述的理论是被高度抽象和简单化的。首先，西式民主的核心——"多党竞争、轮流执政"在世界政治史上经历了复杂的流变。[②]在政党形成的初期，其就有负面色彩，典型代表是"政党分赃"制度。《联邦党人文集》对其有过经典的论述——党争只会撕裂社会共识和破坏公共利益，但是在近代国家内直接民主不能适用的情况下，人们必须通过选举代表去参与政治，通过政党表达利益诉求是大势所趋。为了避免撕裂社会共识，必须靠共和制来消除党争的弊端，确保共同体的利益。[③]米歇尔斯（Robert Michels）对党争政治也持悲观看法，他指出：党争非但不可能实现真正的民主，无论是哪

---

① 在以亨廷顿、李普赛特等人为代表的著作中，经济绩效被认为是政治合法性的重要来源。参见［美］塞缪尔·亨廷顿：《变化社会中的政治秩序》，王冠华等译，上海：上海人民出版社，2008 年版；［美］塞缪尔·P. 亨廷顿：《第三波：20 世纪后期的民主化浪潮》，欧阳景根译，北京：中国人民大学出版社，2013 年版；［美］西摩·马丁·李普塞特：《政治人——政治的社会基础》，张绍宗译，上海：上海人民出版社，1997 年版。

② 本文并不具体讨论民主概念的演变史。在大陆，杨光斌教授、王绍光教授等学者对西式自由民主的演变史做了系统梳理，指出西式自由民主就是党争民主。参见杨光斌：《让民主归位》，北京：中国人民大学出版社，2015 年版；王绍光：《民主四讲》，北京：生活·读书·新知三联书店，2014 年版；杨光斌：《民主与世界政治冲突》，《学术界》2014 年第 8 期：第 5—25 页。

③ 参见［美］汉密尔顿、杰伊、麦迪逊：《联邦党人文集》，程逢如等译，北京：商务印书馆 1980 年版，第 45—49 页。

个国家，党争最终导向的都是寡头统治。① 在福山（Francis Fukuyama）看来，美国党争民主实质上是利益集团相互倾轧，由此产生的"否决型政体"（vetocracy）导致政策难产，激化社会矛盾，成为政治衰败的根源。② 因此，对国家治理而言，党争民主并不一定产生正面的效果，往往可能适得其反。有学者进一步指出，尽管多党制、比例代表制和民主满意度有正向联系，但腐败和收入不平等则会抑制这种联系。因此在这层意义上多党竞争选举制度对民主合法性的贡献极为有限。③

其次，竞争性选举本身离不开各政党的相互攻击。在竞选过程中，需要不断攻击对手，才能获得支持和选票。同样，在执政过程中，反对党需要不断攻击执政党的政策，从而积累民意基础，为下次选举做准备。就中国台湾地区而言，尽管有学者分析道，马英九当局提出的议案难通过的制度根源在于立法机构的议事规则和国民党自身不能协调好党政关系④，但从整个政治运行过程来看，党争才是无效治理的根源。因为每当执政党出台政策就会受到反对党纯粹的反对而不顾经济社会发展和改善民生的需要。例如因为电力短缺，台湾先前的三座核电站已不足以支持全岛供电而需要另建一座核电站，但是第四座核电站（即"核四"）自规划动工以来经历多次停建，至今未能投入使用。特别是民进党一直将"反核四"作为与国民党斗争的经济纲领。在首次政党轮替以后，时任行政机构主管张俊雄宣布停建"核四"，招致立法机构中的多数派——泛蓝阵营的不满，为此，蓝营先后提出罢免案，迫使陈水扁当局重启"核四"建设。尽管如此，"核四"一直拖延到马英九执政的第二个任期才重新开始。这时，作为反对党的民进党又提出停建"核四"的要求并发动民众上街游行，致使"核四"项目再次停工。⑤

———————————

①　[意]罗伯特·米歇尔斯：《寡头统治铁律——现代民主制度中的政党社会学》，天津：天津人民出版社，2002年版，第351—352页。

②　Francis Fukuyama, *Political Order and Political Decay*：*From the Industrial Revolution to the Globalization of Democracy*, New York: Farrar, Straus and Giroux, 2014.

③　Todd Donovan, Jeffrey Karp, "Electoral rules, corruption, inequality and evaluations of democracy", *European Journal of Political Research*,2017,56: pp.469-486.

④　黄宗昊：《台湾地区"马王政争"的制度根源》，《上海交通大学学报》（哲学社会科学版）2015年第5期，第52—60页。

⑤　对整个事件过程的详细描述可参见今日中国网：《台湾"核四"问题的来龙去脉》，http://www.chinatoday.com.cn/ctchinese/huaren/article/2014-05/04/content_616773.htm，2014-05-04.

　　然而台湾政党在这些社会民生议题上的冲突还不是最激烈的，台湾地区的竞争性选举与其他多数国家和地区最大的不同在于政治上的激烈对抗。首先，在竞争性选举中，政党通常都需要提出醒目的议题，从而获得支持。大部分国家和地区的选举议题主要关乎发展经济、改善民生，而台湾地区的政党在选举中却常常以政治为主线展开论战。统"独"和"反腐败"成为最重要的两大议题。首先，与经济民生议题不同，统"独"议题的煽动力更强，是历次选举中的焦点。对此，林冈教授等学者利用台湾选举与民主化调查数据库（Taiwan's Election and Democratization Study, TEDS）的时间序列数据加以佐证。他们指出，在2004—2012年间，统"独"议题对选民的投票行为产生了显著影响。与此相应的是，在2001—2008年之间的选举中，社会福利议题并没有对选民投票行为产生影响。[①]其次，虽然统"独"是民主化导致党争激化的重要一面，但是在此之外，台湾政党间的对抗更在于"以反腐败为名"展开激烈斗争，从当局领导人到各级民意代表，都有因贪腐而锒铛入狱的案例，这些现象的高频发生既损害了民主制度的有效性，也损害了公众的信心。其结果是整个台湾社会政治化，经济发展停滞，民生改善成效甚微。换言之，与其他民主已经巩固的政权相比，由于台湾地区政治上的特殊性，导致民主制度运作的绩效更为不佳。

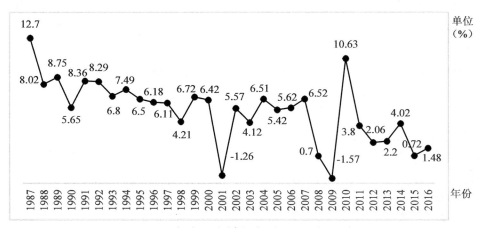

图1　台湾经济增长率（1987—2016）

---

　　① 林冈、张彬倩：《台湾选民议题取向的空间模型分析》，《上海交通大学学报》（哲学社会科学版）2016年第5期，第5—15页。

例如，经济层面，台湾地区的经济绩效呈现下滑的态势。在 20 世纪 60 年代到 80 年代，台湾在经济上的成功很大程度得益于"政府引导的发展"[①]。据台湾统计部门发布的数据[②]显示，从 1950 年到 1990 年，台湾经济突飞猛进，GDP 年平均增长率一度达到 9%，在 1990 年 GDP 更是一度高达大陆全部 GDP 的 43.8%。但是正如图 1 所示，在民主化之后，台湾的经济增长不断下降。进入 21 世纪以来特别是在民进党执政 8 年间，台湾 GDP 增速从 6.42% 迅速下降到 0.70%。在完成第二次政党轮替后，特别是在马英九的第二届任期末，其经济增长率更是下跌到 0.72%。[③]

在政治层面，本意是便利两岸服务贸易和经济联系的协议也因为激烈的蓝绿党争而搁浅。从台湾经济主管部门公布的对外贸易数据来看，从 2001 年来至 2015 年，台湾对大陆的贸易出口迅速增长，大陆逐渐成为台湾的最大出口地。[④]而在 2014 年，由于岛内"反服贸"运动等事件冲击，台湾对大陆出口下滑。在这些事件中，民进党等政治势力不仅将国民党当局和公众建构成"他者"和"人民"的关系，而且将大陆与台湾建构成截然对立的"敌我"关系。为了在 2016 年的选举中赢得执政，民进党接连在立法机构杯葛议事，号召青年学生参加"反服贸""反课纲"等街头运动，致使本地经济社会发展再度陷入停滞。而即使民进党在 2016 年 5 月 20 日以后实现"全面执政"，又因为年金改革、"一例一休"、"前瞻计划"等政策损害了其他政党和选民利益，导致自身即使完全执政也无法推行施政纲领。因此，无论是国民党还是民进党执政，台湾执政当局的治理能力基本为党争所消解，无法有效应对经济建设和社会发展问题。

---

① ［美］爱丽丝·阿姆斯登：《台湾地区的经济发展》，载 ［美］彼得·埃文斯、迪特里希·鲁施迈耶、西达·斯考切波：《找回国家》，方力维等译，北京：生活·读书·新知三联书店，2009 年版，第 105—134 页。

② 参见台湾统计资讯网：http://statdb.dgbas.gov.tw/pxweb/Dialog/NI.asp

③ 该数据为 2015 年数据。

④ 双方对两岸贸易统计口径有所不同，台湾经济主管部门公布的对大陆出口的统计数据包括香港，因此自 2002 年以来大陆就成为台湾最大出口市场，而大陆统计方法是用大陆从台湾进口额除以台湾对外出口总额。参见台湾统计资讯网：http://statdb.dgbas.gov.tw/pxweb/Dialog/NI.asp；中华人民共和国国家统计局国家数据网：http://data.stats.gov.cn/easyquery.htm?cn=C01&zb=A060402&sj=2015.

二、数据、变量与模型

为了进一步分析台湾公众政治信任的变迁，本文采用亚洲民主动态调查（Asian Barometer Survey，ABS）分别在 2001 年、2006 年、2010 年以及 2014 年对台湾地区常住人口进行抽样调查的数据进行分析。作为亚洲大型的跨地区调查项目，ABS 调查时间先后覆盖了台湾地区三次当局领导人选举以及四次民意代表选举。特别是，2008 年的选举还促成了第二次政党轮替，因此为跨时段分析公众政治信任的变化提供了可行性。为此，本文将特定性信任和普遍性信任设置为因变量，选取腐败感知、经济评价作为解释变量。此外，本文的模型也包括了一系列控制变量，分别是性别、年龄、城乡、教育、收入等人口学变量和政治兴趣、社会信任等变量。

值得指出的是，将对政党、执政当局、立法机构、县市政府、军队、公务员、警察等各个机构的信任作为特定性信任的测量方法已经为学界所普遍认可。而关于对普遍性信任的测量还存在不同的看法。随着民意调查技术的不断改进，在 ABS 第 3 波和第 4 波调查中专设了对普遍性信任的考察题目，但是在 4 次的调查问卷中，并没有完全一致测量普遍性信任的问题。同时，台湾地区公众政治信任变迁的外部环境在于从威权向民主转型及巩固的制度变迁过程，而民主满意度可以作为区分威权与民主政体中公众政治信任的重要标准。因此，本文采用民主满意度作为普遍性信任的测量的指标。详细的测量方法参见表 1。

表 1　变量描述

变量名称	问题描述	测量值（重新编码）
普遍性信任	总体来看，您对我们的民主制度感到满意吗？	1."一点也不满意"；2."不是很满意"；3."相当满意"；4."非常满意"
特定性信任	对政党、台湾当局、立法机构、县市政府、军队、公务员、警察的信任	1."一点也不信任"；2."不是很信任"；3."比较信任"；4."非常信任"
性别	由调查员直接判断填答	0.男性；1.女性

---

①　经了解，由于 ABS 第四波调查在"台湾民众对县市政府的腐败感知"这一问题询问上出现技术性失误，导致最终数据未能有效使用。同时，本文要探究的"党争民主"更聚焦在台湾当局层面，因此虽然前三波调查对县市一级政府的腐败感知数据都有效回收，但是本文并未纳入考虑。

续表

变量名称	问题描述	测量值（重新编码）
年龄	请问您今年多大了？	21—99
城乡	请问您居住在城市还是农村？	0. 城市；1. 农村
受教育程度	请问您的受教育情况是什么情况？	1 大学以下学历；2. 受过不同程度的大学教育但未毕业；3. 大学学历；4. 研究生学历
收入	请问您个人的收入大概是什么情况？	1. "收入能覆盖支出并且还有一些结余"；2. "收入能基本覆盖支出但没有多少结余"；3. "我们的收入对负担生活开支还有困难"
政治兴趣	请问您追踪政治与政府新闻的频率是什么样的？	1. 每天；2. 一周多次；3. 一周一次到两次；4. 一周不到一次；5. 几乎不接触
社会信任	您觉得人们在多大程度上值得信任？	0. "您与其他人打交道的时候必须非常小心"；1. "大多数人是值得信任的"
腐败感知	您觉得台湾当局在多大程度上是腐败的？①	1. "几乎所有人都腐败"；2. "大多数人都腐败"；3. "没有很多人腐败"；4. "几乎没有人腐败"
经济评价	您认为过去五年的经济发展程度如何？	1. "非常糟糕"；2. "比较糟糕"；3. "一样"4. "有了改善"；5. "改善很多"

其次本文对变量进行描述性分析，各变量的统计结果如表 2 所示：

表 2　主要变量描述性统计

变量名	均值	标准差	最小值	最大值
性别	0.49	0.50	1	0
年龄	46.42	16.12	21	94
年龄（对数）	3.77	0.36	3.04	4.54
城乡	0.19	0.39	1	0

续表

	变量名	均值	标准差	最大值	最小值
受教育程度	高中及以下 / 其他	0.728	0.445	1	0
	部分大学	0.061	0.239	1	0
	大学本科	0.157	0.364	1	0
	研究生	0.053	0.2242	1	0
收入		1.83	0.70	1	3
政治兴趣		2.63	1.55	1	5
社会资本		0.39	0.49	0	1
腐败感知		2.46	0.71	1	4
经济评价		2.282	1.171	1	5
普遍性信任		2.624	0.66	1	4
特定性信任		16.167	3.277	7	28

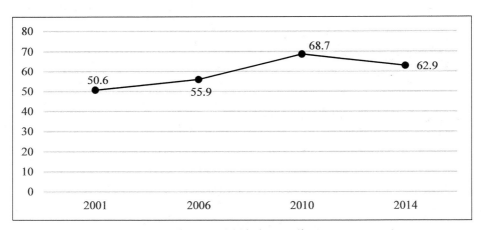

图 2　台湾公众民主满意度变化趋势（2001—2014）

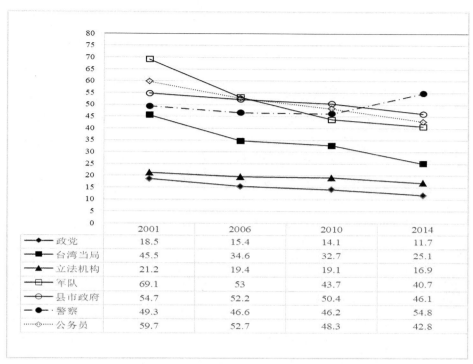

图 3　台湾公众特定性信任变化趋势（2001—2014）

　　从图 3 可以直观看出，在 2001—2014 年间，除却公众对警察群体的信任程度有所上升外，整体而言，台湾地区公众对特定性机构的信任程度均出现了明显的下降状况，其中公众对台湾当局、军队信任的下降幅度更是超过20%，而公众对政党和政党活动的载体——立法机构的信任程度则更低，都在 2 成以下。图 2 则显示，台湾公众的民主满意度经历了先降后升的过程，尽管约有 6 成公众感到满意，但是仍然有 4 成左右的公众对民主制度的运行感到并不满意，显然这一群体的比例不容忽视。因此，无论是从特定性信任还是普遍性信任来看，完成民主转型后的台湾地区在政治合法性上面临着较为严峻的挑战。

　　三、数据分析

　　本部分内容以特定性信任和普遍性信任为因变量，进行回归分析，结果如下所示。

表 3 特定性信任多元回归结果

		（1）政党	（2）台湾当局	（3）立法机构	（4）公务员	（5）县市政府	（6）警察	（7）军队
性别		0.021 (0.018)	−0.044* (0.018)	0.058** (0.019)	−0.008 (0.018)	−0.012 (0.019)	0.018 (0.020)	−0.013 (0.021)
年龄（对数）		0.223*** (0.028)	0.037 (0.029)	−0.058+ (0.030)	0.234*** (0.029)	0.152*** (0.029)	0.236*** (0.031)	0.247*** (0.033)
城乡		0.061* (0.024)	0.008 (0.025)	0.089*** (0.026)	0.031 (0.025)	0.083** (0.025)	0.062* (0.026)	0.045 (0.028)
受教育程度	部分大学	−0.083* (0.038)	0.005 (0.039)	−0.035 (0.041)	0.009 (0.039)	−0.015 (0.040)	−0.025 (0.043)	0.078+ (0.044)
	大学本科	−0.172*** (0.025)	−0.056* (0.026)	−0.115*** (0.027)	0.013 (0.026)	−0.058* (0.027)	0.019 (0.028)	−0.069* (0.030)
	研究生	−0.201*** (0.038)	0.045 (0.040)	−0.248*** (0.042)	0.029 (0.040)	−0.110** (0.041)	0.018 (0.044)	−0.029 (0.045)
收入		0.017 (0.015)	−0.039* (0.015)	0.001 (0.016)	−0.021 (0.015)	0.004 (0.016)	−0.029+ (0.017)	−0.028 (0.018)
政治兴趣		0.001 (0.006)	0.011+ (0.006)	0.007 (0.007)	−0.004 (0.006)	−0.008 (0.006)	0.009 (0.007)	−0.003 (0.007)
社会信任		0.026 (0.018)	0.113*** (0.019)	0.022 (0.020)	0.104*** (0.019)	0.113*** (0.020)	0.120*** (0.021)	0.072*** (0.022)
腐败感知		0.068*** (0.013)	0.129*** (0.014)	0.074*** (0.014)	0.075*** (0.014)	0.097*** (0.014)	0.073*** (0.015)	0.063*** (0.016)
经济评价		0.071*** (0.008)	0.104*** (0.008)	0.043*** (0.008)	0.056*** (0.008)	0.053*** (0.008)	0.055*** (0.008)	0.053*** (0.009)
2006		−0.049+ (0.029)	−0.021 (0.030)	0.047 (0.031)	−0.010 (0.030)	0.074* (0.031)	0.068* (0.033)	−0.098** (0.034)
2010		−0.074* (0.030)	−0.033 (0.031)	0.104** (0.032)	−0.067* (0.031)	0.057+ (0.031)	0.053 (0.033)	−0.265*** (0.035)
2014		−0.199*** (0.030)	−0.260*** (0.031)	0.021 (0.032)	−0.218*** (0.031)	−0.077* (0.032)	0.087** (0.033)	−0.388*** (0.035)
常数		0.767*** (0.120)	1.723*** (0.125)	1.688*** (0.130)	1.366*** (0.124)	1.476*** (0.127)	1.111*** (0.133)	1.535*** (0.142)

续表

	（1）政党	（2）台湾当局	（3）立法机构	（4）公务员	（5）县市政府	（6）警察	（7）军队
N	5072	5096	5128	5121	5134	5208	4969
adj. R^2	0.069	0.076	0.025	0.044	0.038	0.039	0.059

注括号内为标准误，$p<0.1$，$p<0.05$，$p<0.01$，$p<0.001$

表4　政治信任多元回归结果

		（1）民主满意度	（2）民主满意度	（3）民主满意度	（4）特定性信任	（5）特定性信任	（6）特定性信任
性别		−0.022	−0.026	−0.026	0.014	0.015	0.009
		(0.017)	(0.018)	(0.018)	(0.093)	(0.096)	(0.095)
年龄（对数）		−0.120***	−0.151***	−0.150***	1.107***	1.033***	1.058***
		(0.026)	(0.028)	(0.028)	(0.146)	(0.152)	(0.150)
城乡		0.048*	0.039	0.029	0.456***	0.385**	0.347**
		(0.022)	(0.024)	(0.024)	(0.126)	(0.132)	(0.131)
受教育程度	部分大学	−0.046	−0.046	−0.050	−0.185	−0.064	−0.077
		(0.037)	(0.039)	(0.039)	(0.194)	(0.200)	(0.197)
	大学本科	−0.056*	−0.065*	−0.059*	−0.399**	−0.429**	−0.396**
		(0.025)	(0.026)	(0.026)	(0.130)	(0.133)	(0.131)
	研究生	0.001	−0.007	−0.004	−0.468*	−0.470*	−0.465*
		(0.039)	(0.040)	(0.039)	(0.198)	(0.201)	(0.199)
收入		−0.059***	−0.063***	−0.056***	−0.088	−0.110	−0.072
		(0.014)	(0.015)	(0.015)	(0.078)	(0.080)	(0.080)
政治兴趣		−0.005	−0.009	−0.011+	0.022	0.006	0.003
		(0.006)	(0.006)	(0.006)	(0.032)	(0.033)	(0.033)
社会信任		0.106***	0.114***	0.109***	0.675***	0.662***	0.613***
		(0.018)	(0.019)	(0.019)	(0.096)	(0.099)	(0.098)
腐败感知		—	0.081***	0.075***	—	0.593***	0.557***
			(0.014)	(0.014)		(0.073)	(0.072)
经济评价		—	—	0.076***	—	—	0.467***
				(0.008)			(0.040)

续表

	（1）民主满意度	（2）民主满意度	（3）民主满意度	（4）特定性信任	（5）特定性信任	（6）特定性信任
2006	0.135*** (0.027)	0.155*** (0.030)	0.143*** (0.030)	−0.007 (0.150)	0.070 (0.158)	−0.006 (0.156)
2010	0.321*** (0.028)	0.351*** (0.030)	0.345*** (0.030)	−0.297+ (0.153)	−0.194 (0.161)	−0.245 (0.159)
2014	0.207*** (0.028)	0.184*** (0.030)	0.187*** (0.030)	−0.831*** (0.150)	−1.030*** (0.161)	−1.037*** (0.159)
常数	2.954*** (0.110)	2.893*** (0.121)	2.737*** (0.122)	11.764*** (0.613)	10.721*** (0.653)	9.712*** (0.652)
N	5950	5301	5263	4879	4555	4533
adj. R^2	0.033	0.045	0.062	0.037	0.047	0.075

注括号内为标准误，$^+p< 0.1$, $^*p< 0.05$, $^{**}p< 0.01$, $^{***}p< 0.001$

　　表3是对特定性信任的多元线性回归结果，表4是对普遍性信任和特定性信任的多元线性回归结果，其中普遍性信任采用民主的满意度，而特定性信任的测量是表3中各个政治机构信任的总和。

　　本文在全部模型中都放入了作为控制变量的社会人口学变量和时间节点，在模型1和模型4中加入了"政治兴趣"和"社会信任"，在模型2和模型5中加入了"腐败感知"，而在模型3和模型6中加入了"经济评价"。从调整后的R可见，尽管模型整体的解释力还有待提高，但是随着自变量的加入，模型的解释力在不断地增强。

　　接下来，本文对各个模型下自变量与因变量之间的关系进行解释。首先是制度绩效因素。如前所述，政治腐败对政治信任具有非常重要的影响。尽管亨廷顿曾言"一定量的腐化不失为一种打通现代化道路的润滑剂"[①]，但是这一论断的前提是传统社会中僵化的政治制度阻碍了政治参与。因此，腐败可以作为打通政治参与的"权宜之计"。同时，亨廷顿特别指出，一旦强大的

――――――――
　　① ［美］塞缪尔·亨廷顿：《变化社会中的政治秩序》，王冠华等译，上海：上海人民出版社，2008年版，第53页。

政党制度建立起来，将有助于遏制腐败。[①] 然而现实却并非如此，尽管在第三波民主化浪潮中完成转型的国家和地区都建立起了党争民主制度，但是腐败的发生率却没有因此而降低，甚至更加恶化。[②] 例如，以加纳、贝宁为代表的非洲国家，其民主化进程中表现出的政治庇护主义、政治分赃和腐败都破坏了民主制度。[③] 在亚洲，对日本、韩国、菲律宾、泰国和中国台湾等五个完成民主转型的国家和地区而言，政治文化和选举制度不仅不能调节腐败给政治信任造成的消极影响，反而助推了政治腐败的扩散。[④]

回归模型结果显示，公众腐败感知和政党评价对因变量的影响都很显著。受访者感受到的腐败程度越严重，其对民主制度的普遍性信任和政府机构的信任程度也就越低。这很大程度是因为台湾的党争民主表现出明显的以"反腐败"为主线的"秋后算账"局面。在大部分西方国家的选举中，反对党都是"女王陛下的忠诚反对派"，在竞选中"愿赌服输"，很少"秋后算账"。然而台湾地区在选举后，执政党充分利用自己的执政地位，反复调查在野党的"贪腐经历"，从而打击对手，巩固自己执政地位。因此，台湾政坛腐败的曝光程度越来越大。在民主化早期，李登辉治下的"黑金政治"，重创了国民党和直选上台的当局。因此在新千禧年之际，公众变革的诉求最终让连续统治岛内55年之久的国民党下野，推动了政党轮替。虽然台湾公众一度对新当局有所期待，但是在陈水扁及其亲信弊案相继曝光后，公众对整个民主制度的腐败感知不断恶化。因此，即使后来陈水扁等人被移送法办，依然没有改善民众对政坛腐败的感知。在二次政党轮替后，尽管上台执政的马英九个人形象良好，但其团队中先后有行政机构秘书长林益世、国民党主席办公室主任赖素如等高级官员涉贪被诉，恶化了执政当局的形象，而时任立法机构负责

① ［美］塞缪尔·亨廷顿：《变化社会中的政治秩序》，王冠华等译，上海：上海人民出版社，2008年版，第54页。

② Mishler, William, Richard Rose. "What are the Origins of Political Trust? Testing Institutional and Cultural Theories in Post-Communist Societies", *Comparative Political Studies*,2001,34(1): pp.30-62.

③ Staffan I. Lindberg, "It's Our Time to 'Chop' : Do Elections in Africa Feed Neopatrimonialism Rather Than Counter-Act It?" *Democratization*, 2003,10(2): pp.121-140. Leonard Wantchekon, "Clientelism and Voting Behavior: A Field Experiment in Benin", *World Politics*,2003,55:pp.399-422.

④ Eric C. C. Chang, Yun-han Chu, "Corruption and Trust: Exceptionalism in Asian Democracies?" *The Journal of Politics*, 2006,68(2): pp. 259-271.

人王金平涉嫌"关说"及由此受到的党纪惩处[1]更是被社会普遍解释为马王二人间的权力争斗。

上述政党以"反腐"为名进行恶斗的弊案曝光仅仅是冰山一角，但其导致的直接结果就是台湾出现越来越多的贪腐案，使得公众认为当局和整个政治体制越来越腐败，进而对其表现出信任。特别是随着台湾民主化，媒体也得以自由化。由此当局的各种负面消息被不断扩散，强化了公众的感知。

接下来是对人口学变量的解释。模型3显示，性别对普遍性信任有微弱的影响。相比女性，男性对于民主的满意度更高。在6个模型中，年龄都产生了显著影响。既有研究表明，出生年代不仅用于测量"青少年—中年—老年"生命历程的影响，也是形成政治影响的关键。[2]纵观历史，1895年以来台湾公众大致经历了日本殖民时代、国民党威权统治阶段以及民主化时代。因此，在普遍性信任方面，不同年龄的公众呈现出差异，体现为年龄越小的公众越信任民主制度，而年龄越大的人则对民主制度越不信任。这可能是因为长者先后经历过殖民统治和威权统治，其价值观受到当局的形塑，对民主这一新生事物难以适应，而年轻人没有经历过压迫性的社会生活，其价值观的形成伴随着民主化的推进，因此对民主制度保持较高的信任。另一方面，年龄越大的民众对于特定的政府机构却更信任，这也可能是跟其威权主义价值观的形塑有关。模型1显示，城乡对普遍性信任有一定的影响。相比城市居民，农村居民对民主的满意度更高。教育对于两个因变量都产生了影响，而且对特定性信任的影响更强烈。受教育程度越高的民众对于政府越不信任，这与英格尔哈特和诺里斯等人提出的"后物质主义价值观"和"批判性公民"假设相符。同时，模型的结果表明，收入明显地影响了受访者的普遍性信任，但对政府信任的影响则不是很显著。具而言之，收入越高的群体越赞成民主制度。反之，收入越低的受访者越不认可民主制度运作的绩效。这一方面反映了精英与大众政治在价值观和政治态度上的分裂，另一方面也与"既得利益者与执政当局捆绑在一起"的观点有契合之处。

---

① 国民党中央虽然给予王金平开除出党处分，但是因为王金平向法院提起诉讼，法院判决国民党中央党纪处分无效，王金平得以恢复党籍。

② R. Samuels, ed, *Political Generation and Political Development*, MA: Lexington, 1977. 转引自孟天广：《转型期的中国政治信任：实证测量与全貌概览》，《华中师范大学学报》（人文社会科学版）2014年第2期：第5页。

再者，政治兴趣对因变量基本没有产生显著的影响，但是在某种程度上，社会信任对于两种类型的政治信任的影响则非常显著。众所周知，社会信任是社会资本的重要组成部分。唐文方将社会信任归纳为内在效能感，指出人与人之间的信任有助于提高公众对民主原则的支持。[①] 其次，社会资本不仅推动了公民在政治社会化过程中对政治的理解，而且也是增强共同体的凝聚力和提升治理绩效的关键，帕特南（Robert Putnam）将"信任、规范以及网络等通过促进合作行为来提高社会的效率"这一"社会组织的特征"归纳为社会资本。[②] 通过回归分析可见，在绝大部分模型中，社会信任对于两个因变量的影响都非常显著。社会信任越强，民主满意度越高，对政府也就越信任。但是社会信任对政党和立法机构两大特定性机构的影响不是很明显，这可能与民众跟政党和政党活动的主要载体——立法机构的信息接触相关，但需要更多的数据予以验证。

最后，"经济绩效"对特定性信任和普遍性信任都影响显著，验证了"经济绩效增进政治合法性"的观点，即如果民众认为过去全岛的经济状况得到了改善，政治信任就越高。但是这仅仅是数据与理论层面的逻辑，现实却并非如此。正如近 10 年来，台湾的经济增长率逐渐下降，仅有的经济成果也常被利益集团攫取，普通公众并未感受到生活的改善。同时，台湾的社会不平等加剧，社会公正也在不断恶化。最近两波的 ABS 调查结果显示，从 2010—2014 年间，台湾公众的社会公正感知也在下降，就"所有族群的人都能被政府平等对待""无论贫富都能被政府平等对待"两个问题回答的不同意度分别从 51.4% 和 52.1% 上升到 72.2% 和 74.9%。因此，经济领域内的就业、公正等民生关切问题的恶化趋势不仅是激化社会矛盾的诱因，也是削弱民众政治信任的关键。因此，对台湾未来经济表现等制度绩效做追踪观察，仍将是分析其公众政治信任变迁的重要窗口。

四、总结与讨论

政治信任是对民主质量和政体合法性的反映。自民主化以来，台湾公众

---

① ［美］唐文方：《政权合法性比较研究：以中国大陆和台湾为例》，《国外理论动态》，2013 年第 7 期。

② Robert D. Putnam, *Making Democracy Work: Civic Traditions in Modem Italy*, New Jersey: Princeton University Press, 1993, p.167.

政治信任的下降，既有普遍性，又有特殊性。在比较政治的视野下，"自由民主"国家和地区公众的政治信任比例都在不断下降，因此台湾地区公众政治信任的下降，并不是孤立的个案。然而台湾公众政治信任的下降，又具有特殊性，最明显的体现就是特定性信任的大幅度下降，为新兴民主政体所罕见。而对其分析又超越了之前跨国研究的普遍性解释，必须考虑台湾自身政治经济变迁的特殊性。其中，政党政治的恶性发展导致整体经济发展的停滞，执政党与反对党又通过"反腐"互相对抗。两者的结合导致台湾公众对政治绩效、经济绩效的评价下降，进而恶化了公众的政治信任，也损害了民主制度的合法性。

当然，限于篇幅，本文并没有展开分析文化和价值观层面的影响因素，而仅仅将文化变量中的"社会信任"这一变量当作控制变量来加以使用。这并不是说文化因素不重要，相反，在政治信任的分析框架中，文化的因素具有非常重要的影响。[①] 可以预料的是，文化因素在未来政治信任的研究中，仍然会扮演非常重要的角色。因此，连接台湾与大陆的儒家政治文化，对海峡两岸政治信任的研究都具有重要的启发意义。

来自台湾地区的研究结果值得我们进一步思考民主化的定义和未来。尽管台湾在选举层面实现了政党和平轮替，并且也被认为民主得以深化和巩固，但是党争民主的畸形发展由此带来的经济增长停滞和政治腐败，却说明其政治发展并不完善。因此，结束政党恶斗，走向"善治"，同样属于民主巩固的内容。如何拓宽亨廷顿对民主巩固的定义，纳入"政党趋同"、政治清明、社会稳定等经验指标，或可有助于丰富当代民主理论对一些特定概念的界定。最后，在民主政体中，公众政治信任的不断下降，最终将会导致民主制度的崩溃吗？抑或是，无论是在成熟民主国家还是新兴民主政体中，公众低水平的政治信任将是常态，而威权政体较高的政治信任水平完全不可持续？对这些问题的回答不仅有待于对不断变化的世界政治做进一步的观察，也有赖于比较政治研究中理论和实证的不断创新。

---

① Tianjian Shi, "Cultural Values and Political Trust", *Comparative Politics*, 2001,33(4): pp. 401-419.

互联网时代的集体行动动员机制

——基于台湾的个案研究 [①]

蔡一村

（广州大学台湾研究院）

摘要： 互联网时代，新兴的信息通信技术（ICTs）深刻影响了集体行动的动员过程，但其作用机制仍有待进一步挖掘。本文认为，互联网时代的集体行动并不必然遵循传统的动员逻辑，去中心化的、个性化的路径同样可以实现动员。具体而言，互联网时代集体行动的动员机制表现为"重复暴露""压力遵从"和"居间联络"。通过对"3·18反服贸运动"的个案分析，本文发现，通过重复暴露机制，相似主题的运动号召得以不断出现在潜在参与者的社交网络中，积累了巨大的动员效果；通过压力遵从机制，运动参与者在社交媒体上分享观点，不仅实现了自我激励，还对其他群体成员施加了参与行动的社会压力；通过居间联络机制，ICTs把原本相互隔绝的政治支持网络联系到了一起，动员信息广泛传播于秉持不同诉求和意识形态的群体之间。以上三个机制的共同作用，最终使这场运动得以实现。

关键词： 互联网 集体行动 联结性行动 动员机制

一、研究问题

信息通信技术（Information and Communication Technologies, ICTs）的进步与普及，在某种程度上改变了当代政治，尤其是抗争政治的面貌 [②]，是集

---

① 本文原载于《台湾研究集刊》2019年第3期，在收入文集时做了小部分增改。

② 查尔斯·蒂利、西德尼·塔罗著：《抗争政治》，李义中译，南京：译林出版社，2009年，第28页。

体行动相关研究的一个重要领域。从 21 世纪初利用短信进行协调的抗议活动[1]，到通过智能手机和社交媒体实现动员的"阿拉伯之春""占领华尔街"等社会运动，新技术背景下的一系列抗争造成了重大的社会和政治影响。与传统社运相比，新形态的集体行动往往呈现出扁平化、去组织化和去中心化的特征。有学者将这样一种绕过传统政治组织、通过 ICTs 直接面对群众进行动员的政治参与行为，称为"快闪政治"[2]（flash-mob politics）。本文选择发生在 2014 年的"3·18 反服贸运动"作为研究对象。这场运动作为台湾地区抗争政治（contentious politics）发展历程中的一次重要事件，不仅对两岸关系产生了深远的影响，更是台湾社会内部诸多脉络的"事件化"[3]展现。自20 世纪 80 年代末，集体行动就已经成为被台湾社会普遍采用的诉求伸张方式。[4]而 21 世纪初 ICTs 的一系列变革与发展，更是显著地改造了台湾抗争政治的形式与样貌。先后成立于 2004 年和 2006 年的脸书（Facebook）和推特（Twitter）为众多抗争提供了虚拟舆论场，而 2005 年之后才逐渐普及的"第三代移动通信技术"（3G）和智能手机则为抗争的动员提供了技术保障。

从 2008 年的"野草莓学运"、2013 年的"白衫军运动"到 2014 年的"3·18 反服贸运动"，台湾"快闪政治"的动员模式与演化脉络渐次显现：通过 ICTs，互不相识的人们被串联起来，共同参与行动。在行动之前，他们既没有受到"红砖水泥"式的实体组织约束，又没有象征性的、统一的集体身份认同。[5]那么，这些异质的、碎片化的群体是如何被动员起来的？ ICTs 在这一过程中是如何发挥作用的？

为回答这一问题，本文试图通过对实证材料的情境化分析，挖掘 ICTs 在"快闪政治"动员过程中产生作用的机制。研究发现，ICTs 使集体行动的动

---

① 如 2001 年发生在华盛顿的针对世界银行的抗议，以及同年发生在马尼拉的要求埃斯特拉达下台的抗议，等等。参见 Ahrens, Frank. 2001. "For activists today, it's marks, not Marx." https://www.iatp.org/news/for-activists-today-its-marks-not-marx; Rheingold, Howard. 2002. Smart Mobs: The Next Social Revolution. New York: Basic Books.

② 林泽民、苏彦斌：《台湾快闪政治——新媒体、政党与社会运动》，《台湾民主季刊》（台北）2015 年第 2 期，第 123—160 页。

③ 渠敬东：《迈向社会全体的个案研究》，《社会》2019 年第 1 期，第 1—36 页。

④ 张茂桂、朱云汉、黄德福、许中力《"民国七〇年代"台湾地区"自力救济"事件之研究》，台北："行政院研究发展考核委员会"，1992 年，第 26 页。

⑤ Bennett, W. Lance and Alexandra Segerberg. 2012. "The Logic of Connective Action." Information, Communication & Society 15(5): 748.

员逻辑发生了演变，通过"重复暴露""压力遵从""居间联络"这三个机制的共同作用，集体行动在没有正式组织参与的情况下依然能够实现并长期维持。

二、文献综述：集体行动逻辑中的 ICTs

ICTs 是如何影响集体行动动员的？这一问题在社会运动领域的研究中已得到大量关注，其背后的理论发展可分为这样两条脉络：高度组织化的、形成集体身份/认同的集体行动逻辑（the logic of collective action）和建立在社交网络中个人化内容基础上的联结性行动逻辑（the logic of connective action）。前者为我们提供了丰富的概念与理论工具，后者则是本文展开分析的思想来源。

目前大多数相关研究成果依循着传统的集体行动逻辑，其中主要包含了两种研究取向：第一种取向将新技术视为一种新兴资源，集中探讨了新技术为动员提供了哪些有利条件；第二种取向则聚焦于现象背后的社会机制，试图说明新技术是如何促进动员的。

第一种取向以描述性研究为主，罗列出了互联网利于动员的种种特征。从 BBS 等数字化社交媒介的雏形刚刚出现时，学者们就开始注意到这一类新技术对集体行动可能产生的影响。研究指出，新技术对动员结构、抗争形式与动员过程都产生了影响，在降低信息传播成本的同时提高了统治集团的镇压成本，一定程度上消除了集体行动动员过程中的物理障碍和地理区隔。[①]在一些案例中，ICT 精英借助技术力量就足以与政府对抗，而少数"运动企业家"依托互联网也有能力发动大规模的社会抗争。[②]例如，有学者指出，Facebook、PTT、Yahoo！Live 这类数字化平台的多人互动特征不仅使台湾的社运精英能够迅速传播运动信息，在短时间内获得大量关注度，还大大提

---

① Downing, John. 1989. "Computers for Political Change: Peace Net and Public Data Access", *Journal of Communication* 39(3): 154-162；林鹤玲、郑陆霖：《台湾社会运动网络经验：一个探索性的分析》，《台湾社会学刊》（台北）2001 年第 25 期，第 111—156 页；邓力：《新媒体环境下的集体行动动员机制：组织与个体双层面的分析》，《传播学研究》2016 年第 9 期，第 60—74 页。

② Earl，Jennifer and Katrina Kimport. 2011. *Digitally Enabled Social Change：Activism in the Internet Age*. Boston: MIT Press；吴小坤：《潜行的力量：ICT 精英如何嵌入并影响社会运动》，《新闻与传播研究》2015 年第 11 期，第 41—59 页。

高了运动的组织以及管理效率，保证了社运精英能够更加持久地开展抗争活动。[①]

　　这一类研究将新技术视为社运精英动员"工具箱"中的新武器，善加利用就能够提供正向的动员效果。然而，这类带有技术决定论色彩的成果缺乏中层理论（mid-range theory）的支持，在两个方面有待进一步澄清。一方面，新技术并非被某个社会群体或世代所垄断，ICTs 既可以为试图发起抗争的社运精英提供支援，也可以被需要遣散抗争的政治精英所利用；[②] 另一方面，网络并不会自发地带来抗争行动，就地区性的社会运动而言，ICTs 对集体行动的作用机制不仅受制于其所在的政治和社会结构，其所承载的内容、人们对新技术的使用方式与集体行动特性等因素也都发挥着影响。[③] 因此，我们不能理所当然地默认新技术就必然有利于动员，而要在具体的情境中分析其作用机制。

　　为弥补前者的缺憾，第二种取向重点关注线上与线下的交互行为，试图挖掘新技术的影响机制。甘瑞特主张从以下三个维度来讨论 ICTs 对集体行动的影响：动员结构（mobilizing structures）、机会结构（opportunity structures）和构框（framing）工具。[④] 具体而言，在宏观结构层面，ICTs 有效地扩大了非制度化政治参与的范围，允许参与者通过网络交流来获得认同

　　① 徐承群：《小笔电网路直播作为聚众活动的新工具——以 2008 年"野草莓学运"为个案研究》，《研究资讯、科技与社会学报》（台北）2010 第 18 期，第 51—70 页；陈文楠：《浅谈 PTT 在"太阳花学运"中扮演的角色》，《公共知识分子》（台北）2014 年第 7 期，第 133—143 页；信强、金九汎：《新媒体在"太阳花学运"中的动员与支持作用》，《台湾研究集刊》2014 年第 6 期，第 16—24 页；刘伟伟、吴怡翔：《台湾青年与"太阳花学运"——基于政治机会结构理论的视角》，《台湾研究集刊》2016 年第 2 期，第 10—18 页。

　　② King, Gary, Jennifer Pan and Margaret E. Roberts. 2013. "How Censorship in China Allow Government Criticism but Silences Collective Expression", *American Political Science Review* 107(2): 326-343；King, Gary, Jennifer Pan and Margaret E. Roberts. 2014. "Reverse-Engineering Censorship in China: Randomized Experimentation and Participant Observation", *Science* 345(6199).

　　③ 赵鼎新：《社会与政治运动讲义（第 2 版）》，北京：社会科学文献出版社，2012 年；卜玉梅：《从在线到离线：基于互联网的集体行动的形成及其影响因素——以反建 X 餐厨垃圾站运动为例》，《社会》2015 年第 5 期，第 168—195 页；孟天广、季程远：《重访数字民主：互联网介入与网络政治参与——基于列举试验的发现》，《清华大学学报（哲学社会科学版）》2016 第 4 期，第 43—54 页。

　　④ Garrett, R. Kelly. 2006. "Protest in an Information Society: A Review of Literature on Social Movements and New ICTs", *Information, Communication & Society* 9(2): 202-224.

感和成就感，争取话语权并建构其道义优势，[①] 提高了国家镇压的成本，扩大了运动者的政治机会。在中观组织与关系网络层面，ICTs 既能够通过微博、在线业主论坛、QQ 群等数字化媒介，提供某种具有集体行动能力和利益诉求的自组织；[②] 也能够在已有人际关系网络基础上发起动员，促进群体成员参与到集体行动当中。[③] 在微观个体层面，ICTs 为参与者集体认同的形成提供了互动平台与认知基础。与主流媒体不同，新技术所承载的庞大信息流没有筛选机制，这使社运精英得以更有创造力地激发受众的情感与道德感知，进而凝聚起异质化的庞大人群参与抗争。[④]

这一类研究所遵循的经典理论脉络建立在这样一个背景性的运行逻辑之上，即新技术的引入没有改变集体行动的核心动因。这一逻辑的出发点落脚于某种先于集体行动动员存在的必要条件，既可能是有能力执行"选择性激励"机制的正式组织，也可能是足以建构出集体身份认同的人际关系网络。[⑤]

这根源于学界对奥尔森"搭便车困境"[⑥]（free-rider problem）的回应。麦

① 游传耀：《互联网是公民政治参与的重要途径》，《发展研究》2008 年第 9 期，第 96—98 页；童志锋：《互联网、社会媒体与中国民间环境运动的发展（2003—2012）》，《社会学评论》2013 年第 4 期，第 52—62 页；陈云松：《互联网使用是否扩大非制度化政治参与：基于 CGSS2006 的工具变量分析》，《社会》2013 年第 5 期，第 118—143 页；熊美娟：《政治信任、政治效能与政治参与——以澳门为例》，《广州大学学报（社会科学版）》2014 年第 3 期，第 10—15 页。

② 黄荣贵、桂勇：《互联网与业主集体抗争：一项基于定性比较分析方法的研究》，《社会学研究》2009 年第 5 期，第 29—56 页；丁未：《新媒体赋权：理论建构与个案分析——以中国稀有血型群体网络自组织为例》，《开放时代》2011 年第 1 期，第 124—145 页；汪建华：《互联网动员与代工厂工人集体抗争》，《开放时代》2011 年第 11 期，第 114—128 页；曾繁旭、黄广生、刘黎明：《运动企业家的虚拟组织：互联网与当代中国社会抗争的新模式》，《开放时代》2013 年第 3 期，第 169—187 页；陈先红、张凌：《草根组织的虚拟动员结构："中国艾滋病病毒携带者联盟"新浪微博个案研究》，《国际新闻界》2015 年第 4 期，第 142—156 页。

③ 童志锋：《动员结构与农村集体行动的生成》，《理论月刊》2012 年第 5 期，第 169—173 页；黄杰：《互联网使用、抗争表演与消费者维权行动的新图景——基于"斗牛行动"的个案分析》，《公共行政评论》2015 年第 4 期，第 98—133 页；肖唐镖：《人际网络如何影响社会抗争动员——基于混合方法的研究》，《理论探索》2017 年第 2 期，第 35—41 页。

④ Scott, Alan and John Street, "From Media Politics to E-protest: the Uses of Popular Culture and New Media in Parties and Social Movements", *Information, Communication & Society*, 2000,3(2):215-40；卜清、高波：《从"围观"到"行动"：情感驱策、微博互动与理性回复》，《新闻与传播研究》2012 年第 6 期，第 10—17 页。

⑤ Bennett, W. Lance and Alexandra Segerberg, "The Logic of Connective Action", *Information, Communication & Society*, 2012,15(5): 748.

⑥ 曼瑟尔·奥尔森：《集体行动的逻辑》，陈郁、郭宇峰、李崇新译. 上海：上海人民出版社，2014 年。

卡锡和左尔德从社会运动的专业化（professionalization）问题入手，探讨运动组织乃至社会运动"产业"规模是如何影响集体行动动员的。[①] 其中，基于组织强制力的"选择性激励"（selective incentive）机制通过对各种资源的整合和分配，保证了组织成员的团结。[②] 但这并非克服"搭便车困境"的唯一途径，事先存在的人际关系网络同样有效。[③] 格兰诺维特将关系网络分为弱联系与强联系。[④] 在十八、十九世纪的欧洲，诸多启蒙报纸杂志广泛传播，其读者所构成的弱联系关系网络是欧洲社会革命运动得以产生的基础；而在二战后的台湾，工人之间的兄弟义气构成了一个个强联系关系网络，各自内部的道德压力形塑了劳工运动"支离破碎的团结"的面貌。[⑤] 也就是说，人际关系网络通过建构某种集体身份 / 认同，进而形成较一致的意见或较有约束力的规范，影响着集体行动的动员。[⑥]

显而易见，这些成果在特定的情境下具有足够的解释力。在大陆，国家治理的制度安排集中了社会动员的资源，建构了社会中的政治过程，进而诱发了稳定的群体互动方式和政治行为，也即"基于无组织利益之上的集体行动"[⑦]。而 ICTs 的出现，则通过其多人互动性为社会中的潜在运动者提供了低

① McCarthy, John D. and Mayer N. Zald, "Resource Mobilization and Social Movements: A Partial Theory", *American journal of Sociology*, 1977,82(6):1212-1241；Zald, Mayer N. and John D. McCarthy, *Social Movements in an Organizational Society: Colleced essays*. New Jersy: Transaction Books, 1987.

② 曼瑟尔·奥尔森：《集体行动的逻辑》，陈郁、郭宇峰、李崇新译，上海：上海人民出版社，2014 年，第 56—59 页。

③ McAdam, Doug, John D. McCarthy and Mayer N. Zald, Comparative Perspectives on Social Movements. New York: Cambridge University Press, 1996.

④ Granovetter, Mark, "The Strength of Weak Tie", *American Journal of Sociology*, 1973,78(6):1360-1380.

⑤ Tarrow, Sidney, *Power in Movement: Social Movement, Collective Action and Politics*. Cambridge: Cambridge University Press, 1994；何明修：《支离破碎的团结——战后台湾炼油厂与糖厂的劳工》，新北：左岸文化出版，2016 年。

⑥ Passy, Florence, "Socialization, Connection, and the Structure/Agency Gap: A Specification of the Impact of Networks on Participation in Social Movements", *Mobilization*, 2001 6(2):173-192；Tindall, David B., "Social Movement Participation over Time: An Ego-Network Approach to Micro-Mobilization", *Sociological Focus*, 2004,37(2):163-184；Schmitt-Beck, Rüdiger and Christian Mackenrodt, "Social Networks and Mass Media as Mobilizers and Demobilizers: A Study of Turnout at a German Local Election." *Electoral Studies*, 2010,29(3):392-404.

⑦ 周雪光：《无组织的利益与集体行动》，《社会发展研究》2015 年第 1 期，第 182—208 页。

成本的互动空间，运动者在其中形成组织、编织关系网络，补充了现实中正式组织的缺位，提高了人们通过人际关系网络建构集体认同的可能，进而提升了动员能力。

　　然而，上述逻辑不能很好地解释前文所描述的经验现象。随着新技术的普及，社会结构也在发生着变迁，正式的组织开始失去成员，组织关系渐渐被大规模的、流动性的社交网络所取代。[①] 人们政治参与的方式也发生了改变，政党等传统政治组织的角色被弱化，[②] 人们对个人愿望、生活方式和不满的表达同样起到了动员的作用，[③] 而种种基于 ICTs 所建构的线上"虚拟生态圈"、"新媒体场域"、社交媒体传播系统等 [④] "无组织的组织" [⑤] 来发起动员的运动模式也大行其道。现实的变迁，让我们有必要寻找一种可相匹配的解释路径。

三、分析路径与研究方法

（一）ICTs 带来的演化：作为分析路径的联结性行动逻辑

　　通过对"以人为本"运动（Put People First）和"愤怒的人群"运动（Los Indignado）的研究，本内特提出，ICTs 对集体行动的意义远不止于降低了行动的成本，还演化出了一种新的动员逻辑——"联结性行动逻辑"。[⑥] 其核心在于，新技术提供了新的动员方案，组织与运动精英的作用被削弱了，自发的参与者们通过在社交媒体上分享观点来实现自我激励，进而实现集体行动。

　　① 　Castells, Manuel, *The Rise of the Network Society.*（2nd ed.）. Oxford: Blackwell, 2000.

　　② 　Bimber, Bruce and Richard Davis, *Campaigning Online: The Internet in U.S. Elections.* Oxford: Oxford University Press, 2003.

　　③ 　兰斯·本内特、亚力山卓·赛格伯格：《联结性行动的逻辑：数字媒体和个人化的抗争性政治》，史安斌、杨云康译，《传播与社会学刊》（香港）2013 年第 26 期，第 211—245 页。

　　④ 　萧远：《网际网络如何影响社会运动中的动员结构与组织形态？——以台北"野草莓学运"为个案研究》，《台湾民主季刊》（台北）2011 第 3 期，第 45—85 页；马锋：《从台湾"反服贸学运"看网络的社会动员》，《中国青年研究》2014 年第 12 期，第 74—78 页；孙祎妮：《从集体性行动到联结性行动：新媒体时代社会运动动员结构的理论初探》，《新闻界》2015 年第 21 期，第 4—10 页。

　　⑤ 　Shirky, Clay, *Here Comes Everybody*：*The Power of Organizing without Organizations.* New York: Penguin Press, 2008.

　　⑥ 　Bennett, W. Lance and Alexandra Segerberg, "The Logic of Connective Action", *Information, Communication & Society*, 2012,15(5): 739-768.

这一洞见为后续研究提供了切入点，也留下了发挥的空间。诚然，ICTs的普及触发了诸多新形态的集体行动，但线上的号召并不必然意味着街头的抗争，一个脸书用户不会因为处在同一个"新媒体场域"之中，就天然地支持或者反对另一个脸书用户的观点和倡议。换句话说，不同社会群体之间的差异不会因为进入虚拟空间而消弭，观点的分享不仅不必然带来信任和认同，反而可能造成更大的割裂。同时，即使能够通过分享观点而建立起某种"弱联系"关系网，其议题导向的、碎片化的特征也不利于维持大规模的集体行动；[①] 还有一些研究指出，基于数字化媒体的动员可能并不必然比传统的面对面动员更有效。[②]

也就是说，ICTs的普及演化出了新的动员逻辑，但这一逻辑的运行过程尚未得到揭示，"观点分享"与"运动爆发"之间的"黑箱"仍未被打开。

为了打开这一黑箱，黄荣贵等以江门"反核"群体性事件为案例，发现社交媒体的使用提高了人们参与抗争的可能性，但其机制不在于提高了行为者的动员或协调能力，而在于个人化的观点分享模糊了线上表达与线下抗争的界线，在传播了潜在抗争人数这一重要信息的同时，还提高了人们对抗争成功可能性的预期。[③] 卜玉梅则从历时性的视角入手，以时间成本和政治风险两个维度区分了不同类型的集体行动特性。对于时间成本低且政治风险弱的浅层行动（如签名、意见书等）而言，在线动员往往能取得很好的效果；对于时间成本高或政治风险强的深层行动（如上访、公开对质、"散步"等）而言，在参与热情高涨的运动初期，在线动员尚有较为理想的效果，而在外在控制力提升而行动力弱化的运动维续阶段，则需要转换为传统的现实组织与

---

① Diani, Mario, "Social Movement Networks Virtual and Real", *Information, Communication & Society*, 2000,3(3): 386-401；Dahlberg, Lincoln, "Computer-mediated Communication and the Public Sphere: A Critical Analysis." *Journal of Computer-Mediated Communication*, 2001,7(1), https://doi.org/10.1111/j.1083-6101.2001.tb00137.x.

② Huang, Ronggui and Xiaoyi Sun, "Dynamic Preference Revelation and Expression of Personal Frames: How Weibo is Used in an Anti-nuclear Protest in China", *Chinese Journal of Communication*, 2016, 9(4): 385-402；陶振超：《传播个人性与动员：社交媒体比亲身接触、大众媒体更有效？》，《传播与社会学刊》（香港），2017年第41期，第41—80页。

③ Huang, Ronggui and Xiaoyi Sun, "Dynamic Preference Revelation and Expression of Personal Frames: How Weibo is used in an Anti-nuclear Protest in China", *Chinese Journal of Communication*, 2016, 9(4): 385-402.

关系网络，才能保证动员的效果。[1]

现有研究为如何打开联结性行动逻辑的黑箱提供了宝贵的借鉴，也为后续研究提供了思想基础。我们注意到，在政治机会较为紧缩的结构之下，社交媒体的使用者为了避免过早招来政府的遣散，有意无意地将观点的分享限定在特定的框架当中。但在需要进行深层行动之时，仍需要回归传统动员模式。那么，在政治机会相对开放、中层组织发达的社会当中，联结性行动逻辑是如何运行的？当运动精英的作用不再显著的时候，动员是如何实现的？

为了进一步揭示因（"观点分享"）果（"运动爆发"）之间的逻辑链条，本文试图在现有研究的基础上，运用联结性行动的相关概念和理论，以"3·18反服贸运动"（选择该案例的原因将在下一部分中说明）作为案例，重现其演变过程，并寻找其中的关键事件，在此基础上挖掘 ICTs 对集体行动动员过程的影响机制，以期更加全面深入地理解互联网时代集体行动的运行逻辑，为现有理论提供补充。

（二）研究方法与数据搜集

通过对文献的梳理，我们已经确认了新技术的运用与集体行动动员过程之间存在着共变关系，而我们不清楚的，则是这一关系内部的演变逻辑和作用过程。因此，本文将采用个案研究方法，进入到事件内部，追踪集体行动动员过程中发挥作用的因果机制。本文所说的机制，采用赫斯特洛姆的定义：机制指的是能够规律性地产生某个特定结果的一系列主体和行为的组合。通过发现和验证总是导致某个社会现象的基于行动和主体的社会机制，我们才能解释这个被观察到的社会现象。[2]

本文将采用"因果—过程观测"（causal-process observations，CPOs）这一定性研究技术，探寻案例中的因果机制。因果过程观测项（CPO）是在从原因到结果的过程中，能够表明某个机制存在的经验证据，这一经验证据说明了联结各要素之间的因果链条的存在。[3]但是，对机制的探寻难以避免"殊

① 卜玉梅：《从在线到离线：基于互联网的集体行动的形成及其影响因素——以反建 X 餐厨垃圾站运动为例》，《社会》2015 年第 5 期，第 168—195 页

② 彼得·赫斯特洛姆著：《解析社会：分析社会学原理》，陈云松、范晓光、朱彦等译，南京：南京大学出版社，2010 年，第 26 页。

③ 加里·格尔茨、詹姆斯·马奥尼著：《两种传承：社会科学中的定性与定量研究》，刘军译，上海：上海人民出版社，2016 年，第 103—104 页。

途同归"问题，即我们总能在个案中找到无数潜在的 CPO（也就对应了无数潜在的机制）。而对于本文所选择的案例而言，这场运动既不是由某个组织或社运精英制造的，也非全然由结构性因素所决定，而是在各主体的不断互动中逐渐形成的。[①]

面对这样一个复杂的、充满了偶然和意外的案例，本文采用了与研究方法紧密相关的数据收集手段，以深度访谈和参与式观察为主，并通过与新闻报道、视听材料、"立法院"公报等官方档案、回忆录、先行研究等二手资料的互相印证，尽量保证经验数据的完整与准确。

本文作者曾于 2010 年前往台北大学交换。该校众多学生积极参与了后来的"3·18 反服贸运动"，社会学系主任甚至在运动期间停课，鼓励学生参与运动。这一经历使作者与许多运动参与者互为脸书好友，并能够进入部分聊天室、脸书群组等小型网络空间。运动者冲入"立法院"时，作者通过脸书观察到了众多与运动相关的动态、图片和视频，还曾进入网络聊天室中，观察网友的反应，跟踪事件的发展。

主要访谈工作开始于 2015 年 11—12 月在台湾进行的田野调查。由于部分运动者在运动后赴大陆深造、就业，因此访谈工作在离开台湾后仍在进行，直到 2016 年 7 月暂告一段落。受访者总计 53 人，其中半结构式访谈 41 人，日常访谈 12 人。在这些受访者中，既有运动的参与者，也有持支持或反对态度的旁观者，还有在现场维持秩序的警务人员。其中 43.4%（23 人）在"3·18 反服贸运动"之前曾参与过社会运动，包括乐生保留运动、"红衫军"运动、工人运动、"野草莓学运"、"反媒体垄断运动"、"白衫军运动"、反核运动等等。从职业上来看，受访对象中学生占 54.7%（29 人），这一比例与陈婉琪在运动期间进行的调查结果（学生占 56%，554 人）[②]十分接近；另外还包括了学者、公务员等其他职业的人士。从年龄结构上来看，77.4%（41 人）的受访者在 20 至 40 岁这一区间。

为了获得尽量真实的数据，作者在访谈中运用"三角互证法"

---

① 陈超、蔡一村：《以"互动"为中心的社会运动演化分析——对中国台湾的个案观察》，《公共管理学报》2016 年第 4 期，第 113—126 页。

② 陈婉琪：《"太阳花学运"静坐参与者的基本人口图像》，引自《那时我在"公民声音" 318—410》，One More Story "公民的声音团队"主编 .. 台北：无限出版，2014 年，第 233—244 页。

(triangulation)，向不同受访者求证同一场景、同一个时段的事件，通过对照他们的回答，尽可能接近事件的真相。在大多数情况下，被访者的叙述与基本事实之间能够呼应。

四、过程与图景："3·18 反服贸运动"的动员机制

"3·18 反服贸运动"爆发于 2014 年 3 月 18 日晚间，数百抗议者在台湾"立法院"群贤楼外集会，抗议《海峡两岸服务贸易协议》（以下简称"服贸"）的"粗暴闯关"。21 时左右，数十名抗议者冲入"立法院"议场。事件在社交媒体上迅速发酵，点燃了台湾民众的参与热情。在两小时内，近三百人涌入议场，场外的抗议者则增加至数千人。直到 4 月 10 日下午退场，"学运"分子占领"立法院"达 24 天。占领期间，为回应 3 月 23 日发生的"行政院"事件，抗议者发动了近 10 万人参与的"330 凯道大游行"。

那么，这场运动是如何动员起来的？本文将从运动的两个关键事件——"立法院"占领与"行政院"事件出发，重现运动的动员过程。

3 月 18 日晚对"立法院"议场的占领是此次运动的第一个关键事件。围绕着被占领的"立法院"，种种斗争剧目获得了展演的空间；同时，其象征意涵也贯穿了运动始终："人民的力量终于夺回了'立法'机关"，"人民的声音终于不再被忽视"。17 日下午，国民党"立委"张庆忠宣布服贸协议"视为已经审查，送院会存查"。[1] 这一操作成了此次占领事件的导火索，推动黄国昌、林飞帆、陈为廷等运动积极分子策划了次日对"立法院"的冲击。[2] 尽管占领的成功并非在原计划内，但在既成事实之后，"运动精英"便顺势而为。发起团体之一"黑色岛国青年阵线"（简称"黑岛青"）在其脸书粉丝专页上发布声明，阐述了他们对"服贸"的看法和运动的诉求，并号召关注者前来支援。[3] 警方在错失短暂的清场窗口之后，仅能维持对现场的包围，无法以强

---

[1] 曾柏文：《"太阳花运动"：论述轴线的空间性》，《思想》（台北）2014 年第 27 期，第 3 页。

[2] 谢硕元：《十四天来的观察与心得》，https://www.facebook.com/permalink.php?story_fbid=4170703041897&id=1713896120&match=5Y2B5ZublOWkqSDkvobnmoQg6KeA5a%2BfIOIlhyDlv4Plvpcs5b%2BD5b6XLOS%2BhueahCzljYHlm5ss6KeA5a%2BfLOIlhyzlpKk%3D，2014 年；被访者 S16 访谈记录。

[3] "黑色岛国青年阵线"：《318 青年占领"立法院"反对"黑箱服贸"行动宣言》，http://goo.gl/xGLMvX，2014 年。

制手段驱散示威者。占领状态一直延续到 4 月 10 日运动者主动走出议场方告结束。

3 月 23 日晚至 24 日凌晨的"行政院"流血事件是此次运动的第二个关键事件，为原已显出疲态的运动注入了新的动员能量。如前所述，占领行动后警方封锁了议场，内外人员难以大规模流动。此时，议场内的行动成为被关注的焦点，与台当局的沟通管道也逐渐被场内的运动者所垄断。很快，部分场外的运动者不满场内的运动策略，将目光投向相距不远的"行政院"，试图复制占领行动，扩大运动的烈度和影响力。然而，"立法院"议场易守难攻，警方清场困难；而"行政院"内地势开阔，即使占领了也无法据守。同时，台当局不愿重蹈覆辙，时任"行政院院长"江宜桦在冲击开始后半小时即下令警方换上防暴装备准备清场。从 23 日 23 点 50 分一直到 24 日清晨 7 点，警方出动近两千警力，三台镇暴水车，将聚集于"行政院"的抗议者驱离。[①]

两次事件对运动的关键影响主要体现在以下两个方面。一方面，这是两次充满了偶然和意外的行动。[②]偶然性因素和能动的行为者共同造成了许多"意料之外的结果"（unintended consequence），深刻影响了运动的发展。[③]但更重要的是，两次事件都提供了可以激发"观点分享"的引爆点。不论是占领行动背后蕴含的对"公民想象"的实践，还是清场事件中"人民受难"的画面，都引发了大量的讨论和转发，[④]人们在社交媒体网络中发表观点、宣泄情绪、号召行动。而 ICTs 所提供的多人互动性，使不同个体的观点和情绪交织在一起，最终实现了动员。

本文将运动的动员过程分述如下，并挖掘其背后的动员机制。

---

① "立法院"公报处："立法院公报"第 103 卷第 20 期，2014 年。

② 参见曾柏文：《"太阳花运动"：论述轴线的空间性》，《思想》（台北）2014 年第 27 期，第 129—148 页；晏山农、罗慧雯、梁秋虹、江昺仑：《这不是"太阳花学运"：3·18 运动全记录》，（台北）：允晨文化，2015 年；陈超、蔡一村：《以"互动"为中心的社会运动演化分析——对台湾的个案观察》，《公共管理学报》2016 年第 4 期，第 113—126 页。

③ 陈超、蔡一村：《以"互动"为中心的社会运动演化分析——对中国的个案观察》，《公共管理学报》2016 年第 4 期，第 113—126 页。

④ 叶浩：《"太阳花照亮民主转型的未竟之处"："318 运动"的政治哲学侧写》，《思想》（台北）2014 年第 27 期，第 161—182 页；陈嘉铭：《一个自由的篇章：行动的网络和行动的语法》，《思想》（台北）2014 年第 27 期，第 183—198 页。

（一）重复暴露：信息潮的积累式动员

"立法院"被占领后，"运动精英"在社交媒体上的发布声明、更新事态发展，而普通参与者则通过个人社交账号发布文字或影像信息、在"立法院"周边打卡，或者在各运动精英的发文下评论、交流乃至争吵。[①] 由于脸书、PTT 的呈现机制，与运动相关的信息在很短的时间内汇聚成了一股沛莫能御的信息浪潮。其意义不仅在于吸引了台湾社会的关注，更重要的是填满了社交媒体网络的时间线，使几乎所有台湾社交媒体用户都不可避免地沉浸于大量相关信息之中。

根据陈婉琪在运动现场所做的调查，运动的参与者获得信息的来源（多选）包括：87.3% 的被访者选择了脸书，71.5% 选择了网络新闻，53.7% 选择了 PTT，43.8% 选择了电视媒体。其中，58.6% 的被访者将脸书列为最重要的信息来源。[②] 通过访谈获得的第一手经验资料也证实了这一结果，大多数被访者都是通过社交媒体和人际网络得知运动的爆发，仅有部分（7 人）年纪较长的学者和行政官员是通过传统媒体，如电视、报纸等渠道获得信息的。

在进入议场后，进去的学生们开始发脸书，或者通过社交软件比如 line 和 WhatsApp 之类把情况告诉外界："我们进来了。"……陈（为廷）林（飞帆）有丰富的社会运动经验，就号召大家发脸书，动员更多的学生或者同情这一运动的人过来，用人数来保护"占领"这一果实，以免警察清场。但关于这个，也有人说其实他们没有动员，是很多学生看到脸书以后，自发过来保护占领议场的学生。——被访者 P5 访谈记录，访谈时间 2015 年 11 月 26 日

海量相关信息在虚拟空间中的富集，提高了大规模动员的可能性。在相关研究中，重复接触到相似动员信息的英国选民更有可能外出投票。[③] 而如果某个争议性话题的细节在不断重复中被逐渐完善，那么这一话题的动员效应

①　被访者 S20 访谈记录。

②　陈婉琪：《"太阳花学运"静坐参与者的基本人口图像》，引自《那时我在公民声音》，One More Story "公民的声音团队" 主编．台北：无限出版，2014 年，第 233—244 页。

③　Fieldhouse, Edward, David Cutts, Paul Widdop and Peter John, "Do Impersonal Mobilisation Methods Work? Evidence from A Nationwide Get-Out-the-Vote Experiment in England", *Electoral Studies*, 2013,32:113-123.

强度和持续时间将不断提高。[①]

基于此，本文提出 ICTs 影响集体行动动员的重复暴露机制：如果相似主题的信息重复出现于社交网络中，其动员效果将不断积累（accumulation）。

需要说明的是，重复暴露机制与经典理论解释的差异在于，信息潮的传播并不依托于组织或者人际关系网络，而动员能量的积累也非源于运动精英的动员行为。由于本次运动的参与者中，青年学生占了相当大的比重，因此我们往往会先入为主地认为，动员的信息主要通过同学、校友、脸书好友等事先存在的人际关系网络实现传播。但正如赵鼎新指出的，"我们不能把在一个地方大喊大叫的信息传递方式看作社会网络的结果"[②]，特殊的空间布局为运动的动员创造了不同于组织和关系网络的生态环境。[③] 萧远进一步提出，ICTs 形成了超越实体空间的"虚拟生态圈"，承载了主要的信息传播功能。[④]

大家都互相传最新的消息，还有 po 上自己的看法，那段时间社交媒体上基本都是 318 的信息。——被访者 S5、S6 访谈记录，访谈时间 2015 年 11 月 20 日

在另一方面，通过对经验资料的分析可以发现，"运动精英"的动员作用被高估了。在运动早期，"运动精英"的动员能力就非常有限。以主要发起团体"黑岛青"为例，其抗议"服贸"的行动从 2013 年 6 月就已开始，但未掀起波澜。[⑤] 即使在策划占领行动时，所能动员的力量也不过近百人，占领之后

---

① Mitchell, Dona-Gene, "Here Today, Gone Tomorrow? Assessing How Timing and Repetition of Scandal Information Affects Candidate Evaluations", *Political Psychology*, 2014,35(5):679-701；Lecheler, Sophie, Mario Keer, Andreas R. T. Schuck and Regula Hanggli, "The Effects of Repetitive News Framing on Political Opinions over Time", *Communication Monographs*, 2015, 82(3):339-358.

② 赵鼎新：《社会与政治运动讲义（第 2 版）》，北京：社会科学文献出版社，2012 年，第 249 页.

③ Zhao, Dingxin, "Ecologies of Social Movements: Student Mobilization during the 1989 Prodemocracy Movement in Beijing", *American Journal of Sociology*, 1998,103(6):1493-1529.

④ 萧远：《网际网络如何影响社会运动中的动员结构与组织形态？——以台北"野草莓学运"为个案研究》，《台湾民主季刊》（台北）2011 年第 3 期，第 45—85 页。

⑤ 被访者 S3、P11 访谈记录。

的发展也远超他们的预料。① 尽管运动中出现了松散的"九人联席会议"试图统筹全局，但仍有多元的运动者各自为战，并形成了诸多孤岛式的展演舞台，② 甚至在权力中心所在的议场内都出现了"二楼奴工区"这样一批拒绝调遣的抗争者。③

318 晚上的"守护民主"晚会，其实也就 300 多人参加，当时有纠集第一线的人要冲进去，不超过 100 人。从晚上九点冲进去，到了凌晨就有很多民众陆陆续续过来支援……原本的重心在济南路，本来没有想要什么包围"立法院"的，是后来人多了以后，一个地方站不下了，自然就慢慢往两侧移动，最后就变成是包围了。——被访者 P11 访谈记录，访谈时间 2015 年 12 月 8 日

至此，我们可以认为，重复暴露机制更有力地推动了运动的发展。这一机制的关键在于大量信息的分享，以脸书而言就是发布动态、文章，以及对他人动态、文章的评论、转发和点赞，以 PTT 而言就是发帖、回帖、"推"（支持）和"嘘"（反对）。但是，面对杂乱无序的信息潮，一旦足够多的人选择视而不见，或者出于对某个特定议题的反感而"选择性逃避"（selective avoidance），④ 那么分享的链条就断裂了，动员效果也就无从积累。因此可以合理地假设，还有别的机制同时在产生作用，方能确保这一分享链条能够不断外延。

（二）压力遵从：临时规范对行为者的约束

在回顾动员过程时我们发现了一个有趣的现象，在虚拟生态圈这样一个仅仅是勉强可以视为弱联系关系网络的松散结构之中，却观察到了本应存在

---

① 晏山农、罗慧雯、梁秋虹、江昺仑：《这不是"太阳花学运"：3·18 运动全记录》，台北：允晨文化，2015 年，第 29—32 页。

② 蔡一村、陈超：《角色与惯习——"3·18 反服贸运动"中的多元运动者》，《台湾研究集刊》2017 年第 3 期，第 6—16 页。

③ 晏山农、罗慧雯、梁秋虹、江昺仑：《这不是"太阳花学运"：3·18 运动全记录》，台北：允晨文化，2015 年，第 274—279 页。

④ Zhu, Qinfeng, Marko Skoric and Fei Shen. "I Shield Myself from Thee: Selective Avoidance on Social Media during Political Protests", *Political Communication*, 2017,34(1):112-131.

于强联系关系网络中的道德压力。① 本文认为，这种压力源自临时出现的社会规范，而这正是保证运动动员能量不断积累的关键因素之一。

占领时议场内占领者与警方的推搡对峙的片段，"行政院"事件中特警殴打抗议者的视频和满脸是血的抗议者照片，在社交网络中被大量转发和评论，不仅通过重复暴露机制将事件暴露在了众多旁观者眼中，更重要的是提供了"强权镇压"这样一个摄人耳目的主题。围绕于此，痛斥当局、心灰意冷、"陆资入侵"……散乱的个人化观点分享与种种难辨真伪的传言交织在一起，而这又与"解严"后台湾社会"推翻威权、守护民主"的"主框架"② 产生共鸣，最终演化出了"反抗强权"这一非正式的、临时的社会规范。临时规范所带来的道德压力，驱使着人们改变了使用互联网的方式，以获取资讯和娱乐为目的的个体性介入将受到谴责，以互动为目的的集体性介入也被限定在了框架之内。③

很多人都被逼着表态、站队和改变立场。……（像我这样反对反服贸的人）会被严词批评，因为他们会认为自己是在反对"黑箱"，所以是"守护民主"，是在反对"大陆的经济渗透"，所以是"爱台湾"。那我跟他们唱反调，在他们眼中，就算没有讲明，等于是"不捍卫民主"，又"不捍卫台湾"吧。……台大政治系老师反对反服贸的比较多，但出来讲话的很少。吃力不讨好，当时服贸就像"万恶不赦的东西"，敢出来挺服贸，或敢出来质疑反服贸，就会被打成罪人。——被访者 S20 访谈记录，访谈时间 2015 年 12 月 3 日

在一开始，我只是希望学生们能够坚持得久一点，因为他们代表了一种不平的声音，希望这种声音能够更多地被社会看到。当时还没有对政府产生反感。……到了"行政院"流血事件之后，我完全无法接受这样的事情。因为我的父母都是公务员，我一向是很信任政府的，而流血事件之后，我对政府的印象出现了幻灭，当时在脸书上看到那些影像和文字，我有一种"人间地狱"般

---

① 关于强、弱联系特征的相关论述，参见 Mark Granovetter. "The Strength of Weak Tie", *American Journal of Sociology*, 1973, 78(6):1360-1380.

② 赵鼎新：《社会与政治运动讲义（第 2 版）》，北京：社会科学文献出版社，2012 年，第 213 页。

③ 关于个体性介入与集体性介入的论述，参见孟天广、季程远：《重访数字民主：互联网介入与网络政治参与——基于列举试验的发现》，《清华大学学报（哲学社会科学版）》，2016 第 4 期，第 43—54 页。

的感受。——被访者 S21 访谈记录，访谈时间 2015 年 12 月 2 日

社会规范感知来自合理行为理论（theory of reasoned action）的相关研究，即为了迎合社会或者参照群组的习惯而进行的行为意向选择，这一现象也被称为从众心理。[①] 这一现象在线上行为中体现得更为明显。有学者指出，个体向其他在线用户寻求接纳的意愿，正是促进线上政治参与的关键驱动力之一。[②] 从众心理的社会影响分为两类，规范性影响与信息性影响，二者呈负相关关系。前者指的是个体对社会规范的感知与服从程度，后者指的是个体对信息的接受程度。当大量不确定的信息在短时间内传播时，个体将倾向于服从社会规范。[③]

基于此，本文提出 ICTs 影响集体行动动员的压力遵从机制：社交网络中爆炸式地分享观点，将在短时间内创造出一个只容许相似内容的舆论环境，并对网络内的其他成员构成社会压力，迫使他们遵照主流行为模式行事。

那么，传统解释路径中的策略性构框（strategicframing）理论[④] 是否对压力遵从机制构成了挑战？通过对一系列关键事件的追踪可以发现，这场运动并不完全依赖于某个动员框架进行动员，其参与者存在着不可忽视的多元属性。其中，"国族主义""左派反自由贸易""反黑箱""世代正义"等诸多论述轴线，[⑤] 共同构成了这场运动初始的框架样貌。以"反中"框架为例，这一框架是在运动的不断互动中逐渐聚焦而成的，是为了运动的团结而寻找到的"最大公约数"，[⑥] 是动员的结果而非原因。

民众本来就对"马政府"的执政不满，而服贸本身也有许多说不清或者没

①　李峰、沈慧章、张聪：《我国危机事件下从众意向模型——基于 Fishbein 合理行为模型的修正研究》，《管理学报》2012 年第 3 期，第 451—458 页。

②　Lilleker, Darren G. and Karolina Koc-Michalska. "What Drives Political Participation? Motivations and Mobilization in a Digital Age", *Political Communication*, 2017,34(1):21-43.

③　杨庆国、陈敬良、甘露：《社会危机事件网络微博集群行为意向研究》，《公共管理学报》2016 年第 1 期，第 65—80 页。

④　David A. ,Snow and Robert D. Benford. "Ideology, Frame Resonance, and Participant Mobilization", *International Social Movement Research,* 1988, 1: 197-217.

⑤　曾柏文：《"太阳花运动"：论述轴线的空间性》，《思想》（台北）2014 年第 27 期，第 129—148 页。

⑥　被访者 A2、S5、P5 访谈记录。

有说清的模糊空间，这就是一个非常好的宣泄点，并不是所有参加的人都是"反中"或者"反服贸"的。——被访者 S4 访谈记录，访谈时间 2015 年 11 月 20 日

（运动）确实有不同的理念，比如一直在说 318 就是"反中"，其实我觉得也不是。当然"反中"这个因素肯定有，这个因素比较好叫人嘛，说出来比较慷慨激昂，讲别的人家不一定听得懂。但其实如果认真追究的话，其实"反中"只是一个因素而已，甚至都未必是最大的因素。不过他们声音比较大啊，民族主义嘛。……当时中山南路那里就是"独"派（"公投盟"）的地方，……如果照片在那个地方拍，当然就全部都是"台独"的标语和大旗了。——被访者 S19 访谈记录，访谈时间 2015 年 12 月 1 日

也就是说，对于运动中确实存在的框架整合现象，与其说是以"运动精英"为核心的策略性行为，不如说是大势裹挟之下的水到渠成。因此，压力遵从机制能够更准确地解释我们所观察到的现象。但是，台湾不同社运派系和领域之间存在着巨大的隔阂，互相之间甚至存在竞争关系。那么，这两个机制是如何同时影响不同群体成员的？

（三）居间联络：虚拟生态圈的积累式扩张

如果我们回顾台湾的社会运动发展就会发现，传统的议题型社会运动往往由深耕于相应领域（例如劳工、环保、LGBT、人权等等）的运动组织发起动员，运动的诉求和参与群体相对单一，结盟行为一般也仅发生在特定议题内部（例如"台湾反核联盟"）。[1] 在工人运动领域，台湾几个主要团体之间的关系甚至充满对抗。[2] 但我们却注意到，在这场运动中，多元的运动者之间尽管理念、诉求、运动方式有着明显差异，但却仍在没有组织或者政党介入的情况下维持了长时间的共存。

---

[1] 刘美妤：《一夜长大：台湾青年参与之滥觞》，《思想》（台北）2014 年第 27 期，第 111—128 页；顾忠华：《社会运动的"机构化"：兼论非营利组织在公民社会中的角色》，引自《两岸社会运动分析》，张茂桂、郑永年主编，台北：自然主义，2003 年，第 1—28 页。

[2] 林莹秋：《在劳工运动的路上，有两条鲜明的平行线》，《新新闻》1995 年总第 411 期，第 70—72 页。

我听说当时第一批冲进"立法院"的人里，至少有三分之一是"同志"或者"同志"团体。……现场很有序，不过"公民1985"有参与，……最爱把事情搞得非常温馨的样子。……当时在议场外面有一个区域，自称"贱民解放区"，他们当时也是第一批冲进去的。这些的成员主要是"工运"的人。他们比较激进，觉得太平和了不是搞运动。——被访者S21访谈记录，访谈时间2015年12月3日

像"贱民解放区"那帮人，就是光谱的另一头了，跟"台独"这些比的话，他们根本就没有什么民族情结，他们反对所有跟自由贸易有关的事情，也同时反对国民党和民进党，说两个党都是右翼政党，只顾资产阶级利益。在二者之间也还有许多光谱，互相之间还会贴标签。——被访者S17访谈记录，访谈时间2015年12月1日

现有研究一般将这一现象归因为经济萎靡、"反中"情绪、世代特征等因素的影响。[①] 不可否认，这些因素确实使跨领域的运动者更有动机参与到这场运动中。但是，这些因素同时作用于整个台湾社会，为什么是这些群体而不是另一些群体被动员起来了呢？

追溯发生在台湾的一系列经验案例可以发现，早在2008年爆发的"野草莓运动"中，基于ICTs的观点分享就已成为动员的重要前提。[②] 随后的"反媒体垄断运动""白衫军运动"都呈现了联结性行动的特征。在参与运动之前，许多参与者往往互不相识，[③] 而是在运动中以脸书互粉、共建Line或WhatsApp群组等方式产生联络。这使基于ICTs的虚拟生态圈在一次次运动中不断积累、更新，本属不同社会网络的参与者们无意中成了桥接不同社

---

① 邓利娟、朱兴婷：《台湾学运背后的经济发展困境》，《台湾研究集刊》2014年第6期，第44—51页；沈惠平：《试析部分台湾民众的"反中"情绪》，《台湾研究集刊》2016年第6期，第48—54页；郑振清：《台湾新世代社会运动中的"认同政治"与"阶级政治"》，《台湾研究》2015年第3期，第9—15页。

② 徐承群：《小笔电网路直播作为聚众活动的新工具——以2008年"野草莓学运"为个案研究》，《研究资讯、科技与社会学报》（台北）2010年第18期，第51—70页；萧远：《网际网络如何影响社会运动中的动员结构与组织形态？——以台北"野草莓学运"为个案研究》，《台湾民主季刊》（台北）2011年第3期，第45—85页。

③ 在陈婉琪的调查中，近半被访者表示是自发前来，参见陈婉琪：《"太阳花学运"静坐参与者的基本人口图像》，引自《那时我在"公民声音"318—410》，One More Story "公民的声音"团队主编．台北：无限出版，2014年，第233—244页。

会群体的纽带。这一更新的过程发生于虚拟空间之中，但却与现实中同学、同乡等关系网络相重叠，形成了错综复杂的社会网络"结构洞"（structural hole）[1]，不仅为"反服贸运动"中多元运动者的跨领域动员提供了可能，也为运动后更进一步的广泛政治参与打下了基础。

（台湾）社运团体之间是有串联的，互相都熟悉，但没有所谓的领导人，都是靠着私人关系在维持，有时就是因为双方私人关系闹僵了，那团体间可能也就不往来了。但关系维持着的话，即使离开了团体，还是会有联系，线不会断。——被访者 S15 访谈记录，访谈时间 2015 年 12 月 1 日

私人交情在（诸多）运动的发起时有很大的影响。很多运动的发起者或者团体的召集人是同学、朋友，那么在某个运动开始的时候，最先想到的不一定是议题导向，而是我跟谁比较熟。而运动本身也变成一个扩展自身人脉的平台，我来参加你的运动，相当于留个人情，以后你也要来参加我的。——被访者 S25 访谈记录，访谈时间 2015 年 12 月 7 日

基于此，本文提出 ICTs 影响集体行动动员的居间联络[2]机制：联结性行动所在的虚拟生态圈，将可能成为搭建社会关系的平台，促使原本相互隔绝的政治支持网络交织到一起，共同参与行动。

如果说压力遵从机制展现了 ICTs 影响下社会行为者行为动机的演变，那么居间联络机制则反映的是新技术对动员结构的改造。这一改造的关键前提，在于 ICTs 所具有的特性，信息的传播不以特定的人或组织为中心，只要接触到相关的信息潮，就成了受动员的对象。[3]这为我们理解新技术背景下，关系

---

[1]　Ronald S. Burt. *Structural Holes: The Social Structure of Competition.* Cambridge: Harvard University Press, 1992.

[2]　居间联络机制最早由麦克亚当、塔罗和蒂利提出，指的是"使两个或者更多以前未曾发生联系的社会地点发生联系的一个单位，该单位在两地间的互相关系中和／或它们与其他地区的关系中起中介斡旋作用"。从定义可以看出，蒂利等人对"机制"的理解与本文并不相同，指的是一类有着明确界限的重大事件，它们在各种不同的条件下，以相同或极其相似的方式，使特定的一组要素之间的关系发生改变。受这一洞见的启发，结合本文的研究对象和目标，本文改写了居间联络机制的定义。参见道格·麦克亚当、西德尼·塔罗、查尔斯·蒂利著：《斗争的动力》，李义中、屈平译，南京：译林出版社，2006 年，第 30—33 页。

[3]　萧远：《网际网络如何影响社会运动中的动员结构与组织形态？——以台北"野草莓学运"为个案研究》，《台湾民主季刊》（台北）2011 年第 3 期，第 63 页。

网络对动员过程的作用机制提供了新的启发。ICTs 已不再仅仅是使用者手中的工具，而是形成了一个用户准入的虚拟活动空间。随着人们在其中互相接触、建立关系，虚拟生态圈不断扩张，使重复暴露和压力遵从机制得以影响到更加多元的社会群体。

（四）小结

通过对经验资料的分析，本文提出，在"3·18 反服贸运动"的动员过程中，ICTs 通过以下三个机制促进了动员：通过重复暴露机制，海量的信息流在社交网络中积累了足够的动员能量，为运动的爆发打下了基础；通过压力遵从机制，临时的社会规范约束了社交网络成员的行为，保证了信息传递的畅通，并迫使群体成员参与到运动中；通过居间联络机制，虚拟生态圈不断扩张，容纳了众多原本互相隔离的传统动员网络，确保了个人化的观点能够被分享到足够多的群体之中。任何单一的机制都不足以完成动员，只有在三个机制共同运行的情况下，运动才得以实现。

但在本文所关注的时空下，需要进一步说明新技术与这三个机制之间的关系。可以发现，上述三个机制的作用范围有其边界，潜在的被动员群体与台湾社交媒体用户高度重叠，一旦脱离 ICTs 的支持，动员效应将断崖式下跌。如前所述，这场运动动员起了多个本来少有合作的抗争议题，但参与者中有超过半数是学生、超过三分之二是 20—29 岁的青年，[①] 而这正是台湾社交媒体用户的主要人口学特征。以脸书为例，它不仅是台湾民众最常使用的社交媒体，同时也是获得各类抗争信息的主要渠道。在 2012 年，台湾脸书用户就已达一千余万人。[②] 从某种意义上说，台湾社交媒体用户的庞大基数，为运动的发展提供了足够的资源。换句话说，青年学生的大量参与，与其说是导致运动实现的原因，不如说是联结性行动自有特征所带来的结果。

---

　　① 这也使许多文献将台湾青年的世代特征视为导致运动爆发的关键因素，参见何荣幸：《学运世代：从野百合到太阳花》，台北：时报文化出版，2014 年；张顺：《台湾青年世代政治参与的动向与影响》，《台湾研究》2015 年第 2 期，第 69—77 页；黄皖毅：《从"九合一"选举看台湾青年的政治参与》，《中国青年研究》2015 年第 10 期，第 78—81 页。
　　② 黄怡桦：《Facebook 与社会运动——以白玫瑰运动为例》，中国文化大学硕士学位论文，2012 年，第 2 页；林玉凡、徐毓良、邱俐颖、潘金谷、吕孟芳、郑仁富：《社群！原来如此：社群网络的当代潮流与未来趋势》，台北：财团法人资讯工业策进会，2012 年。

五、基本结论、研究局限与未来研究方向

关于互联网时代集体行动的动员，现有文献为后来者提供了宝贵的思想资源，但其所默认的基本假设——即正式组织与统一的集体身份认同是实现动员的必要条件——却忽视了集体行动自身的演化。随着 ICTs 技术的不断普及与经济社会结构的变迁，个体通过个人化的手段使行动和内容通过社交网络被广泛传播，ICTs 不再仅是某种资源或者前提条件，而是提供了一种克服"搭便车困境"的新路径，为运动提供了无须组织和集体认同的动员方案。换句话说，这是一种全新的、具有自身独特的逻辑和动因的行动模式，有必要进行单独分析。

基于"3·18 反服贸运动"，本文提出了联结性行动的三个动员机制：重复暴露、压力遵从与居间联络。重复暴露机制指的是，如果相似主题的信息重复出现社交网络中，其动员效果将不断积累；压力遵从机制指的是，在社交网络中爆炸式地分享观点，将创造出一个只容许相似内容的舆论环境，并对该网络内的其他成员构成社会压力，迫使他们遵照主流行为模式行事；居间联络机制指的是，联结性行动所在的虚拟生态圈，将可能成为搭建社会关系的平台，促使原本相互隔绝的政治支持网络交织到一起，共同参与行动。这三个机制在台湾特殊的政治社会结构中纠缠、互动，最终实现了互联网时代联结性行动的动员。

本文的主要贡献在于，通过对案例的深描，寻找出了一组能够反映社会现象运行过程的"机制的结晶"[①]，为更全面地理解互联网时代的集体行动提供了帮助；而以机制为核心的研究路径，也为未来的进一步研究提供了积累。互联网时代，传统的集体行动与新兴的联结性行动同时存在。前者已为我们所熟知，而后者则仍较为陌生。本内特强调了联结性行动逻辑的核心，即个人化的"观点分享"。但从"观点分享"到实现动员之间的过程尚少有文献涉及，仍然存在着一个值得去打开的"黑箱"。通过相应的定性研究技术，本文重现了案例的动员过程，并寻找到了一组产生作用的因果机制，为联结性行

---

① "机制的结晶"一词源于郦菁对《儒法国家：中国历史的新理论》一书方法论取向的精彩总结，原文为："'宏观结构观照下的机制研究'……不仅要考察单个机制，更要推究一组机制如何起作用，相互间的关系又如何，在特定结构中如何表现，结晶为何种总体模式。"参见郦菁：《历史比较视野中的国家建构——找回结构、多元性并兼评〈儒法国家：中国历史的新理论〉》，《开放时代》2016 年第 5 期，第 27—36 页；Dingxin Zhao. *The Confucian-Legalist State: A New Theory of Chinese History*, Oxford: Oxford University Press，2015.

动相关理论提供了些许补充。

　　然而，一个好的个案研究，必然需要在对社会总体有所把握的情况下实现。[①] 就本文而言，仍然存在以下两点局限。但从另一个角度来说，这些局限也为拓展今后的研究提供了可能的方向。

　　首先，仅关注了个案中的特定事件片段。本文主要关注于这场运动中表现出的种种联结性行动的特征和运行逻辑，以试图解释从"观点分享"到"运动爆发"之间的动力机制，填补现有文献的不足。尽管对传统意义上的"运动精英"和脸书页面管理员这类"联结性领袖"（connective leader）[②] 的关注较少，但在运动爆发后，"运动精英"们经过一段时间的互动与磨合，逐渐搭建起了松散的运动中心，并形成了以"反黑箱"为核心的抗争共识，试图影响运动的走向。[③] 也就是说，在这场复杂的运动中，"运动精英"与集体认同的影响同样存在，只是它们并非先于运动爆发，而是在运动的不断发展中逐渐形成的，从某种意义上可以视为"意料外的结果"，动态地影响着运动的发展。那么，"运动精英"与台当局之间的互动是否影响到了基于"观点分享"的联结性行动逻辑的运行？在同一场运动中，不同的动员逻辑是如何共存的？二者是否会互相影响？是否还有其他的机制也在发生作用？对这一系列问题的回答，将有利于深化我们对这一个案的理解，进而增进我们对互联网时代集体行动的把握。

　　第二，"机制的结晶"仍待打磨。基于"3·18 反服贸运动"，本文提出了一个"结晶"了三个机制的解释方案，试图以此来说明互联网时代集体行动的动员模式。但在构成这三个机制的因果链条当中，还存在着行动者在关键节点上的策略选择、事件发生的时机和顺序、制度与意识形态惯性带来的路径依赖等诸多面向。这些面向本身并非因果机制，而是需要更低层次的因果机制来支撑。[④] 也就是说，本文虽然为"观点分享"与"运动爆发"之间的黑

　　① 渠敬东：《迈向社会全体的个案研究》，《社会》2019 年第 1 期，第 1—36 页。

　　② Poell, Thomas, Rasha Abdulla, Bernhard Rieder, Robber Woltering and Liesbeth Zack. "Protest Leadership in the Age of Social Media", *Information, Communication and Society*, 2016,19(7):994-1014.

　　③ 陈超、蔡一村：《以"互动"为中心的社会运动演化分析——对台湾的个案观察》，《公共管理学报》2016 年第 4 期，第 113—126 页。

　　④ 张长东：《社会科学中的因果机制：微观基础和过程追踪》，《公共管理评论》2018 年第 1 期，第 10—21 页。

箱打开了一条缝隙，还仍只是一次较为粗粝的尝试。在将来的研究中，有必要降低分析层次（scaling down），补充缺失的因果链条，进一步充盈这一黑箱。

综上，本文在某种程度上有利于深化对互联网时代集体行动发展的复杂过程的理解。伴随着社会的变迁，愈加普及的 ICTs 重塑了抗争政治的样貌。在台湾地区，联结性行动已经造成了深远的政治和社会效应；而在大陆，某些特定议题同样有可能依循联结性行动逻辑，在短时间内迅速发酵并实现动员。因此，联结性行动背后的动力机制和运行逻辑有必要得到更系统的深入研究。而本文的发现，有利于深化对互联网时代集体行动发展的复杂过程的理解。

党意、民意与选举 [①]

——台湾当局"内阁"不稳定原因探析

张遂新（厦门大学台湾研究院） 祁冬涛（新加坡国立大学东亚研究所）
王秀萍（厦门大学台湾研究院）

摘要："双首长制"下的台湾当局"内阁"在 2000 年"第一次政党轮替"以后稳定程度明显下降，其原因可以用"党意—民意—选举"三类因素组成的分析框架进行解释。2008 年以前"内阁"不稳定与"府会"对立争权、执政党内部派系分立程度高有关，当局领导人为顺应党意要求倾向于对"内阁"人事进行调整。2005 年左右台湾民众反抗意识崛起，对当局领导人和"内阁"相关成员信任度降低，也迫使"内阁"经常变动，此后一般民意的不满更逐渐成为台湾当局"内阁"不稳定的最主要因素。如果说党意和民意为当局领导人提供了调整"内阁"的压力和动机的话，那么选举则往往成为调整"内阁"的时机，并在短期内加剧"内阁"的不稳定。本研究的分析框架从政治社会学的角度发现台湾民意对"内阁"稳定性的影响在不断上升，补充和丰富了当前从政治学的制度政治视角对此现象进行的分析。

关键词：台湾；"内阁"稳定；党意；民意；选举

随着 1997 年第四次"修宪"的完成，台湾当局的政体呈现出了独特的"双首长制"特征，即当局领导人可不经由立法机构同意直接任命行政管理机构负责人，立法机构可对行政管理机构负责人提出不信任案，当局领导人亦可在立法机构通过上述不信任案后经一定程序解散立法机构。"双首长制"下

---

① 本文原载于《世界经济与政治论坛》2018 年第 5 期，第 24—42 页。

的台湾当局"内阁"在 2000 年第一次政党轮替以前运作尚属平稳，但此后却呈现出了明显的不稳定状态。2000 年至今已有 11 位行政管理机构负责人（"阁揆"）在同一当局领导人任内下台，大大小小的"内阁"改组更是不计其数，正如林浊水（2015）[①] 所称，"台湾成为世界消耗阁揆阁员的速度的第一名"。[②] 那么这种现象是如何导致的呢？

一、文献综述

台湾当局的"内阁"成员包括行政管理机构负责人及其副手、正副秘书长、发言人（包括原"新闻局局长"）、"政务委员"以及各事务主管部门负责人[③]。一般认为"内阁"不稳定指"内阁"更迭频率过高。李凤玉（2001）比附"内阁""政府""总理"的关系，以"内阁"政党成员的改变、"政府"总辞和"总理"易人作为台湾当局"内阁"更迭的标准；[④] 沈有忠（2004）进一步总结为小幅度的成员替换、"总理"辞职换人改组以及"政府"总辞。[⑤] 然而，"内阁"的更迭包括了原有成员离任和新成员上任两个过程，尽管二者在多数情况下同步进行，但并不应混为一谈，譬如"政务委员"有"七人至九人"的弹性空间，原有成员的离任不一定伴随着新成员的接任，因此简单用"更迭""易人""替换"等词概括是不够准确的。而将原有成员离任和新成员上任加以区分后则明显可见，前者的发生频率才是真正反映"内阁"稳定程度的指标，因此本文将"内阁"不稳定定义为"阁揆"和其他"阁员"频繁离任。

值得注意的是，"内阁"成员的离任并不简单表现为被动遭撤。在外界看来，情况经常是相关成员先"主动请辞"，上级慰留不成，最终"勉为其难"批准辞呈。这番运作看似"温情脉脉"，却并不意味着"内阁"成员真能自主选择去留。一方面，当局领导人或"阁揆"可以事先通过多种手段向属下的

---

① 林浊水：《叫我世界第一名：台湾消耗"阁揆阁员"的速度》，载《美丽岛电子报》（台湾），2015 年 3 月 6 日，资料来源：http://www.my-formosa.com/DOC_75892.htm.

② 相关国家和地区的比较见附表。

③ 即台湾方面所称的"部会首长"。

④ 李凤玉：《半"总统"制下的"总统"干政与"政府"稳定》，台湾政治大学硕士论文，2001 年，第 99 页。

⑤ 沈有忠：《半"总统"制下的权力集散与"政府"稳定》，载《台湾民主季刊》（台湾），2004 年 9 月，第 105 页。

相关"内阁"成员传达人事调整意图，而作为当局的一员，"内阁"成员自身也会对形势有所判断，从而知时进退。另一方面，由于当局领导人或"阁揆"最终掌握着"内阁"的人事任免权，面临离任压力的"内阁"成员自然知道拒不辞职不仅无法达到留任目的，反而会破坏官场生态，徒劳无益。当然也有"内阁"成员可能基于其他考量欲自请去职，但如果当局领导人或"阁揆"认为时机不当，也可将辞呈压下不批，为顾全大局和避免造成不负责任的印象，相关"内阁"成员在这种情况下一般也不至径行挂印。总的来说，笔者并不否认"内阁"成员在当局的人事任免决策中具有一定的主观能动性，但相信其影响至多限于离任缓急，无法决定是否离任。因此本研究同绝大多数先行文献一样，也认定"内阁"成员离任是当局意志的反映。

对于何种情况应判定为"离任"，学界亦存有争议。沈有忠（2004）将行政管理机构负责人辞职后再获任命"组阁"亦视为一任"内阁"的更迭。[①]李凤玉（2001）则认为"总辞后原班人马再度被任命"不一定算是"内阁"更迭。[②]事实上，台湾当局"内阁"不乏"象征性总辞"的案例，这种"象征性总辞"与政治惯例有关，不涉及"内阁"稳定问题，因此本文并不将"内阁"成员请辞后随即被重新任命视为一次"离任"。

那么，台湾当局"内阁"为什么会不稳定呢？以往学者大多着眼于"双首长制"的特性，在制度政治 (institutionalized politics) 之中寻求解释。李凤玉（2001）[③]和吴玉山（2002）[④]将当局领导人权力大小、"府会"[⑤]关系和政党体系视为决定"半总统制"（按：即"双首长制"）政治稳定的基本因素，他们发现2000年"政党轮替"以后当局领导人的权力"仍然维持庞大"，"府会"出现对立，台湾政治稳定级数大幅降低。沈有忠（2004）比附"总统、总理、国会"三者关系，认为当局领导人、行政管理机构负责人和立法机构

---

① 沈有忠:《半"总统"制下的权力集散与"政府"稳定》，载《台湾民主季刊》（台湾），2004年9月，第105页。

② 李凤玉:《半"总统"制下的"总统"干政与"政府"稳定》，台湾政治大学硕士论文，2001年，第98页。

③ 李凤玉:《半"总统"制下的"总统"干政与"政府"稳定》，台湾政治大学硕士论文，2001年。

④ 吴玉山:《半"总统"制下的"内阁"组成与"政治"稳定》，载《俄罗斯学报》（台湾），2002年1月，第229—265页。

⑤ 即台湾当局领导人办公室（"总统府"）与台湾当局立法机构（"国会"）。

聚合程度低（党派立场疏远）是导致台湾"宪政运作"不稳定的原因。[①] 由此可见，早期学者多将台湾当局"内阁"的不稳定归咎于制度规范问题，认为当局领导人拥有制度赋予的极大权力，使其有能力干预"内阁"人事，再遇到"府会"对立的情况，更导致了当局领导人强烈的干预动机。

　　然而张峻豪、徐正戎（2007）却指出，仅探讨当局领导人对行政管理机构负责人"绝对的任命权"是不够的，因为在制度规范中同样规定了行政管理机构负责人是"最高行政首长"，而其在实际运作中沦为当局领导人的"幕僚长"，失去政策主导权，在与当局领导人意见相左时处于下风而被迫离任，这显然不能完全以制度规范进行解释。[②] 因此两位学者沿历史制度主义的途径出发，发现在当局领导人和行政管理机构负责人的互动历程中，行为者亦可改变制度结构，造成行政管理机构负责人角色发生变化。他们的研究体现了对历时性变迁的重视，不过仍未突破制度政治的范畴。

　　2008 年以后，台湾实现第二次政党轮替，国民党全面执政，当局领导人因"府会"对立而干预"内阁"的动机消失，但事实上"内阁"依旧变动频仍，这时单凭制度规范就更难解释"内阁"不稳定的原因了，毕竟当局领导人从制度规范中仅能被动地获取干预"内阁"的权力，并不意味着其必须主动去使用这种权力，那么在协调"府会"关系之外，当局领导人还有什么干预"内阁"的主观动机呢？李凤玉、蓝梦荷（2011）认为当局领导人位居权力中心，因此"可以随时用调整'内阁'人事的方法，来回应民意对于'政府'的指责或者期盼，以使自己维持一定水准的民意支持以及统治的正当合法性"，即"将'阁员'，甚至是'行政院长'，在必要时候当成代罪羔羊使用"。[③] 郝培芝（2013）进一步将当局领导人权力集中比附为"半'总统'制国家朝向'总统'化"，认为这种"总统化"现象导致"内阁"成为"避雷针"或"代罪羔羊"，当局领导人往往以改组"内阁"或部分调整"内阁"来

　　① 沈有忠：《半"总统"制下的权力集散与"政府"稳定》，载《台湾民主季刊》（台湾），2004 年 9 月，第 99—129 页。

　　② 张峻豪、徐正戎：《"阁揆"角色的受限或突破》，载《台湾民主季刊》（台湾），2007年 3 月，第 51—108 页。

　　③ 李凤玉、蓝梦荷：《一致"政府"下的"内阁"稳定》，载《政治科学论丛》（台湾），2011 年 3 月，第 107—142 页。

挽救民意或保有高声望，进而导致"内阁"不稳定。[①] 吴玉山（2017）也比附"'总统'优越型半'总统'制"认为当局领导人"虽然掌握大权，但是如有施政不当，却不需要负责"，相反行政管理机构负责人虽然是其僚属，"却常需要为不是自己决定的政策负责"，而被"任意更换，以纾解民怨"。[②]

上述学者在研究当局领导人行使干预"内阁"的权力时，仍将权力大小这一制度政治内部因素作为论述重点，值得注意的是，他们也提到了"民意""民怨"等社会因素的作用。可惜在他们的描述中，此类因素在"内阁"变动中所扮演的角色不过是不定期发作的外部刺激而已，其本身的变化规律并未得到应有的重视，但从中我们发现了突破制度政治视角的可能性。

政治社会学长期关注社会因素与制度政治之间的互动，例如，Doug McAdam（1999）曾将制度政治之外的社会运动视为一种政治现象，以其能够形塑制度政治而纳入政治过程(political process)的分析框架。[③] 这提醒我们对政治现象的研究不应仅局限于制度政治，毕竟社会也可能会以非制度的方式参与其中。因此本研究也结合历时性视角，将民意的变化趋势同制度政治的变迁一起纳入对台湾当局"内阁"不稳定原因的考察。

二、分析框架

台湾地区的政治运作以政党政治和选举政治为特征。在政党政治层面，当局领导人和执政党互赖共生，执政党为当局领导人上台和执政提供组织化资源，而作为回馈，当局领导人必须利用手中职权贯彻执政党的理念，并与党内同仁分享政治利益。在选举政治层面，当局领导人及其所在政党执政地位的取得有赖于在选举中获胜，这促使当局领导人必须尽可能笼络选民，以利于本人或本党未来继续执政。由此，党意、民意和选举成了影响当局领导人决策的主要因素，那么这三者是如何互相牵扯，最终导致台湾当局"内阁"不稳定的呢？

首先，党意要求当局领导人推行符合政党理念的政策，而根据台湾地区

①　郝培芝：《半"总统"制的演化："总统"化与"内阁"不稳定》，载《问题与研究》（台湾），2013年3月，第101—141页。

②　吴玉山：《"总统"直选与半"总统"制"宪政"运作》，风传媒（台湾），2017年9月28日，资料来源：http://www.storm.mg/article/336557。

③　Doug McAdam, *Political Process and the Development of Black Insurgency*, 1930-1970, Chicago: University of Chicago Press, 1999, p.36.

有关规定，法案皆须经由立法机构审议通过，因此一旦立法机构与当局领导人及行政管理机构意见不合，政策便窒碍难行，执政党的施政理念也无法得到贯彻，这种情况在"行政权"和"立法权"分别由不同党派掌控时尤其显著。而撤换"阁揆"便成为当局领导人调整"府会"关系，为政策铺路的一种手段。正如前文所述，早期已有不少学者都充分注意到了这一点，他们将台湾当局"内阁"不稳定归咎于"府会"对立，认为当局领导人因此产生了撤换"阁揆"的动机。但值得注意的是，在"府会"对立争权的情况下，无论"阁揆"如何行事，均无法改变当局领导人与立法机构之间的结构性分歧，将其撤换并不能从根本上解决政令难行的问题，因此党意的作用应不止于此。

党意影响当局领导人决策的另一体现在于政治利益分配，当局领导人往往要将相应职位授予为选举和执政出力的人士以及其他党内重要人物作为政治酬庸和派系竞合的手段，尤其在当局领导人未能全面掌控党内派系时，这种现象更为突出。而"阁揆"和其他"阁员"均为要职，在分配政治利益过程中也相当抢手。因此当局领导人可能会通过撤换"阁揆"或授意"内阁"改组来满足同党的利益诉求。

其次，当局领导人或执政党在未来选举中的表现与一般民意[①]对此前当局执政绩效的评价息息相关。作为当局的核心成员，"内阁"的形象与作为则是选民评判当局施政的重要依据，若"阁揆"或"阁员"不孚一般民意，将给选情造成重大隐患，为此当局领导人可能试图借由"内阁"人事调整来避免选举时的不利局面。

此外以往学者也留意到，当台湾当局领导人直接面对一般民意不满时，往往会利用"避雷针效应"，以撤换行政管理机构负责人或改组"内阁"的方式来"移转民众焦点，或是借此提出新任内阁的新承诺以回应选民"。[②]值得注意的是，发挥"避雷针效应"的前提是相关"内阁"成员的民意支持度同样不高，否则人事调整难以服众，反而会使结果适得其反。对于"阁揆"而言，"避雷针效应"亦具有类似效果，他们可以通过撤换不得民心的"阁员"来挽回自身声望。

最后，选举为党意和民意发生作用提供了契机。一方面，出于维持政治

---

① 相对于特殊民意（特定团体的意见）而言，指社会大众的意见。

② 郝培芝：《半"总统"制的演化："总统"化与"内阁"不稳定》，载《问题与研究》（台湾），2013年3月，第117页。

稳定的考虑，执政党即便面临着分配政治利益的压力，一般情况下也不会随时撤换在任官员。而选举使大批官员面临职务调动，不论选举结果如何，执政党都可以利用这一机会堂而皇之地通过人事安排调配政治利益，位居当局权力中心的"内阁"职位自然首当其冲。另一方面，选举也是民意表达的形式之一，若执政党在选举中表现不佳，人们往往会归咎于民众对当局施政的不满，位居当局权力中心的"内阁"自然也要为此承担责任，接受改组的处置，以挽回民意对执政当局的支持。因此在选举结束后的一段时期内，"内阁"也将陷于不稳定的状态。

由此我们可以将党意—民意—选举三类因素对"内阁"稳定性的影响归纳出五项命题：

P1："府会"对立争权导致台湾当局行政管理机构负责人易被撤换。

P2：执政党内部派系分立程度高导致台湾当局"内阁"较不稳定。

P3：一般民意普遍对"阁揆"或"内阁"成员满意度低导致台湾当局"内阁"较不稳定。

P4：满足命题 P3 的条件且一般民意对当局领导人满意度低导致台湾当局"内阁"更不稳定。

P5：选举在短期内会加剧台湾当局"内阁"不稳定。

三、案例检验

为验证上述命题的真伪，笔者分别考察从 1997 年"双首长制"正式开始运作到 2016 年"第三次政党轮替"为止台湾当局行政管理机构负责人和其他"阁员"的离任情况。其中对 11 次同一当局领导人任内行政管理机构负责人的离任逐一进行案例分析，对数百次其他"阁员"的离任则采取统计的方法加以检验。在测量一般民意时，笔者统一采用被认为政治立场较为中立的 TVBS 民调中心所发布的数据，因为该民调数据时间跨度较长，便于对比分析。

（一）行政管理机构负责人

（1）李登辉执政末期：萧万长

1996 年，连战身兼台湾当局副领导人和"阁揆"，引起广泛争议，1996 年底，台湾当局司法机构发布"大法官释字第 419 号解释"，明确二职不宜兼任，1997 年台湾当局又通过了第四次"修宪"案，形成了"双首长制"的制度框架，随后连战卸任"阁揆"一职。1997 年 9 月 1 日，经由李登辉任命，萧万长继任成为首位不需经立法机构同意而出任的"阁揆"，台湾当局"双首长制"正式开始运作。

萧万长担任"阁揆"时正处于李登辉执政末期，此时台湾当局尚由国民党全面执政，"府会"并无对立。李登辉作风强势，1993 年将大部分"非主流派"成员排挤出国民党后，更得以完全主导党务，党内不存在派系分立的情况。此外李登辉和萧万长的施政也得到多数民意支持，TVBS 民调显示，六成以上民众满意李登辉表现，[①] 萧万长任内也获得了过半的满意度，[②] 在上述五条命题所列条件均不具备的情况下，萧万长得以安然任职近 3 年，直到 2000 年 5 月才因"政党轮替"自然离任。

（2）陈水扁执政时期：唐飞、张俊雄Ⅰ、游锡堃、谢长廷、苏贞昌、张俊雄Ⅱ

2000 年，陈水扁意外当选台湾当局领导人后，立法机构仍由国民党占据多数，为了使政令能够顺利推行，陈水扁尝试任命唐飞为"阁揆"，希望以其国民党籍的身份弥合"府会"之间的党派对立。但在现实运作中，作为民进党当局的"行政首长"，唐飞无法得到国民党的信任，但作为国民党员，唐飞在施政理念上又同民进党当局有着重大分歧。不久之后，民进党停建"核四"电厂的决策引起以国民党为首的"泛蓝阵营"激烈反对，处境极为尴尬的唐飞被迫向陈水扁请辞。批准了唐飞的辞呈后，陈水扁踌躇满志地表示，"已将路上石头拿开"，可以重新上路。[③] 由此可见，陈水扁撤换唐飞显系出于党意考量，即便此时唐飞仅上任四个多月，无论陈水扁还是唐飞都还保持着较高的民意支持度，[④] 但唐飞因阻碍了执政党意志的贯彻而被迫离任，符合命题 P1 的情况。

唐飞离任后，"阁揆"一职由其副手张俊雄接任。作为民进党元老，张俊雄坚定执行执政党的决策，上任伊始即不顾"泛蓝阵营"反对强行宣布停

① 《李"总统"主政 12 年表现，六成六民众满意》，载《联合报》（台湾），2000 年 5 月 20 日。

② 《萧万长声望降至 5 成》，载《联合晚报》（台湾），1999 年 1 月 21 日。

③ 《石头已拿开，可重新上路》，载《联合报》（台湾），2000 年 10 月 6 日。

④ 《首长满意度陈定南第一》，载《联合报》（台湾），2000 年 8 月 19 日。

建"核四"电厂,"府会"关系由此陷入空前紧张。尽管在经历了白热化的政治斗争后,张俊雄最终迫于压力宣布"核四"复工,但"府会"关系早已在这场风波中陷入僵局。在"泛蓝阵营"强力抵制下,张俊雄此一任内甚至还出现了"执政党必须执行在野党政策"①的现象,这对于民进党政策主张的推行自然极其不利。在 2001 年 12 月举行的台湾当局立法机构民意代表选举中,民进党尽管未取得过半席次,但已成为立法机构第一大党,实现了历史性的突破,这显示当时一般民意对民进党当局的施政还是基本肯定的。然而,看似于党有功的张俊雄却于次年 1 月底新一届民意代表上任前请辞并获准,可见选举的作用仅仅是为撤换张俊雄创造了时机,与选举结果关系不大。事实上,民进党当局对张俊雄的离任已早有规划,继任者游锡堃"一直是口袋名单中的预期人选"。②正如当时外界所观察到的,陈水扁成为台湾当局领导人后,"'正义连线'与亲陈水扁的人得到重用,'福利国连线'、'主流联盟'逐渐边缘化",③以亲陈水扁的游锡堃取代"福利国连线"骨干张俊雄,自然也是陈水扁在派系林立的党内巩固自身地位的步骤之一。总的来说,陈水扁撤换张俊雄主要出于党意考虑,一方面在于张俊雄无力协调"府会"关系,导致党意难以得到贯彻,只得寄望于新一任"阁揆"来打破"府会"僵局,另一方面也在于陈水扁的上台促使党内派系出现消长变化,张俊雄需要为陈水扁势力的崛起"让路",而适时出现的选举恰为这一人事变动提供了契机,可见张俊雄的下台符合命题 P1、P2、P5 的情况。

作为陈水扁一手提拔的人马,游锡堃在"阁揆"任内也坚定奉行陈水扁的意志,多次以强势姿态保送重大议案在立法机构获得通过,执政党的意志较以往得到了更为有效的贯彻。游锡堃的表现也得到了主流民意的支持,根据 TVBS 历次民调,民众对游锡堃的满意度大约在四到六成之间,不满意度在四成以下;同期陈水扁的满意度有所起伏,但在游锡堃担任"阁揆"的后期也回归到了可接受的范围内。④在这种情况下,陈水扁力保游锡堃任职长达

---

① 张峻豪、徐正戎:《"阁揆"角色的受限或突破》,载《台湾民主季刊》(台湾),2007年 3 月,第 81 页。

② 沈有忠:《半"总统"制下的行政首长选择:制度与理性结构的分析》,载《政治学报》(台湾),2006 年 12 月,第 211 页。

③ 朱显龙:《透视民进党的派系演变》,华夏经纬网,2002 年 4 月 26 日,资料来源:http://www.huaxia.com/2003617/00003257.html.

④ 具体数据见 TVBS 民调中心(台湾),http://www.tvbs.com.tw/poll-center,下同。

三年，成为台湾当局"双首长制"格局形成以后任职最久的"阁揆"。但另一方面，"泛蓝阵营"和民进党内其他派系也一直酝酿将游锡堃拉下马，并利用2004年底"泛蓝阵营"在台湾当局立法机构民意代表改选中重夺过半席位的机会"倒阁"成功。其中"泛蓝阵营"在选前已放话称若"泛蓝阵营"在选举中过半，就会要求以国民党的江丙坤接替游锡堃出任"阁揆"一职，选后更多次以此向陈水扁当局施加压力。而民进党内其他派系也希望在这一重要职位上安插上自己的人马，不断放出风声试图影响决策。比如民进党籍"立委"李俊毅就直截了当地表示，"换阁揆是既定计划"，"时间够长了，无论从什么角度来看，阁揆都该换人"，并推举同属"福利国连线"的"战友"苏贞昌或谢长廷为继任人选。[①] 在立法机构多数摆出不合作态度，执政党党内派系也强烈要求重新分配政治利益的情况下，陈水扁不得不撤下亲信游锡堃，改以"福利国连线"的谢长廷接掌"阁揆"一职。因此游锡堃离任符合命题P1、P2、P5的情况。

上任伊始，谢长廷即标榜"安定内阁"，与游锡堃的"战斗内阁"加以区别，在实际运作中强调"朝野"之间的"和解共生"，改变游锡堃的强势作风，在"府会"对立中更多向立法机构倾斜，甚至不时与陈水扁的主张有所抵触，这也引起了陈水扁的不满。而2005年8月爆出的高雄捷运（地铁）外劳弊案则是台湾民意扭转的重要节点，民进党长期以来重视"清廉"和"人权"的形象首次受到严重冲击，民众对执政当局的信任度显著降低，陈水扁和谢长廷的声望皆遭重挫，进而导致了当年年底民进党在"三合一"选举中的溃败。在党意不容、民意不孚的情况下，谢长廷被迫于次年1月以预算案复议未过的理由请辞，陈水扁也"顺势准辞"[②]，由苏贞昌接任"阁揆"。由此可见，谢长廷离任的原因与其面对"府会"对立时未能有效贯彻党意，以及自身民望、当局民望双双下跌有关，而后者在"三合一"选举中的表现更成了促使谢长廷离任的导火索。此外"福利国连线"曾批判陈水扁与"新潮流系"共谋，"强逼谢长廷请辞"，[③] 毕竟接任"阁揆"的苏贞昌名义上也属于"福利国连线"，但与"新潮流系"关系密切，因此不排除谢长廷离任背后还有派系博弈的成分。因此谢长廷的离任与命题P1、P3、P4、P5的情况明确

---

① 《李俊毅："阁揆"够久了，也该换了》，载《联合报》（台湾），2004年12月25日。

② 《扁顺势准辞，引爆谢式反扑》，载《联合报》（台湾），2006年1月21日。

③ 《谢长廷请辞，苏贞昌下周"组阁"》，载《联合报》（台湾），2006年1月18日。

符合，与 P2 的情况可能符合。

苏贞昌上任后吸取前任教训，在"府会"之间尽量不过度偏向一方，既表现出对陈水扁的尊重，又赢得了立法机构"较为正面的观感"。[①] 然而随着"扁家弊案"的曝光，苏贞昌的民望受陈水扁的拖累急剧下滑。2007 年 5 月，民进党"四大天王"苏贞昌、谢长廷、游锡堃和吕秀莲在各自势力的支持下角逐 2008 年民进党当局领导人提名，最终谢长廷在党员直选中获胜出线。为了在任期最后一年围绕谢长廷的竞选"展布新局"，陈水扁约见"四大天王"强调团结和整合，[②] 为此苏贞昌也审时度势，不久后即自请离任，暂时淡出权力中心。遗缺由既有担当"阁揆"经历，又非"四大天王"之一的张俊雄回任，力保民进党当局在执政最后阶段维持稳定，直至 2008 年随"第二次政党轮替"自然离任。由此可见，苏贞昌在当局领导人党内初选失败后离任主要是出于迫在眉睫的派系整合考虑，也与民望跌落有关，而"府会"之间的分立争权甚至还未及在其中发挥影响，因此符合命题 P2、P3、P4、P5 的情况。

（3）马英九执政时期：刘兆玄、吴敦义、陈冲、江宜桦、毛治国、张善政

2008 年国民党的马英九上台执政，此时立法机构继续由国民党占据多数席次，台湾当局不再呈现"府会"对立的状态。此外，国民党内部派系"缺乏组织性和制度化"，派系分立程度与党内派系具有"强组织"特点的民进党不可同日而语。[③] 因此"第二次政党轮替"以后台湾当局不再符合命题 P1、P2 的条件。

国民党重新上台以后，由刘兆玄出任首位"阁揆"。此时，台湾正遭遇全球金融危机和国际油价飙涨的双重冲击，经济民生受到极大影响，随后更发生"毒奶粉"事件，进一步加剧了民众对国民党执政当局的不满，马英九和刘兆玄民调双双下滑。TVBS 历次民调显示，马英九和刘兆玄的满意度仅二到四成。2009 年 8 月台湾中南部发生"莫拉克风灾"，国民党执政当局的救灾能力备受民众诟病，又一次重挫了马英九和刘兆玄的民望，二人的满意度

① 张峻豪：《从"阁揆"角色谈台湾半"总统"制的行政权运作（1997-2016）》，载《国家发展研究》（台湾），2016 年 12 月，第 23 页。

② 《天王注意听……扁：我不会跛脚》，载《联合报》（台湾），2007 年 5 月 8 日。

③ 林冈、李振志：《台湾地区两大政党内部派系结构的比较研究》，载《江苏行政学院学报》，2013 年 5 月，第 81—86 页。

仅为一成五左右，为此刘兆玄不得不于次月下台负责，"阁揆"由吴敦义接任。刘兆玄的离任符合命题 P3、P4 的情况。

吴敦义在任的两年多时间里，台湾社会迎来了难得的平静期，马英九的民望逐渐复苏，吴敦义的民意支持度也相对较高。于是马英九选择了吴敦义作为 2012 年"大选"的搭档，最终成功胜选连任，吴敦义也随之从"阁揆"晋升为当局副领导人。吴敦义的升任与通常意义上的"阁揆"离任有着显著的区别，可视为一种特殊情况。

2012 年吴敦义为出任台湾当局副领导人而卸任"阁揆"，遗缺由其副手陈冲填补。随后，台湾当局接连推动"油电双涨"、解禁"美牛"、征收"证所税"等一系列改革，引起民众不满，陈冲和马英九的民调同时大幅滑落。在民怨沸腾的情况下，陈冲被迫于 2013 年 2 月下台，"阁揆"一职由其副手江宜桦接替。但江宜桦的上台并未挽回马英九低落的民望，TVBS 民调显示，江宜桦在任期间民众对马英九的满意度一直不足两成，随着 2014 年"反服贸运动"事件的爆发，江宜桦的民望也跌落到与马英九几乎同一水平。2014 年 11 月，台湾举行了地方公职人员选举（"九合一"选举），国民党遭遇严重挫败，开票结束后江宜桦即下台负责，"阁揆"一职再传于其副手毛治国。在毛治国任内，马英九的民望仍无起色，民众对毛治国的不满也不断累积。2016 年，民进党毫无悬念地在"大选"中获胜，不仅拿下了立法机构多数席次，也将取代国民党执掌政权，实现"第三次政党轮替"。在新一届立法机构民意代表上任前，毛治国执意请辞，由其副手张善政掌管"看守内阁"，直至"第三次政党轮替"后自然离任。陈冲、江宜桦、毛治国的相继下台均符合命题 P3、P4 的情况，其中江宜桦、毛治国均下台于选举完成以后，亦符合命题 P5 的情况。

表 1 总结了同一当局领导人任内"阁揆"离任的原因。总的来说，从 1997 年到 2016 年，共有十位"阁揆"在同一当局领导人任内离任，其中近半与"府会"争权和党内派系竞合有关，且均集中在"朝小野大"的民进党执政时期，可见以"府会"对立和执政党内派系林立为代表的党意因素确实容易导致"阁揆"离任。

"阁揆"因自身或执政当局不孚民意而离任的案例则从陈水扁第二任期开始出现，尤其在显示台湾民众反抗意识激增的标志性事件高雄捷运外劳弊案发生以后，民意因素的重要性显著上升，马英九上台以后更取代党意因素成为导致"阁揆"离任的主因。

此外，多数"阁揆"离任的时间点均在选举结束后不久，可见台湾频繁的选举活动确实为"阁揆"的变动制造了更多机会。值得注意的是，"双首长制"运作迄今，离任原因与选举无关的"阁揆"皆为当局领导人任期开始后的首任，且任职时长在历任"阁揆"中均位列后段，这与当局领导人上任之初，各方因素尚未完全步入常轨有关。在准备不足的情况下遭遇执政危机，当局领导人只得选择"快刀斩乱麻"，不待选举到来就采取撤换"阁揆"这样的"大动作"以求迅速稳住阵脚。

表1　"双首长制"下同一当局领导人任内"阁揆"离任原因

（截至 2016 年 5 月）

时期	三类因素 五项命题 "阁揆"	党意		民意		选举	三类因素作用情况	五项命题作用情况
		与"府会"对立争权有关？	与党内派系分立竞合有关？	与自身民望较低有关？	与领导人民望较低有关？	与选举有关？		
陈水扁（Ⅰ）	唐飞	是	否	否	否	否	党意	P1
	张俊雄	是	是	否	否	是	党意 + 选举	P1 + P2 + P5
陈水扁（Ⅱ）	游锡堃	是	是	否	否	是	党意 + 选举	P1 + P2 + P5
	谢长廷	是	可能是	是	是	是	党意 + 民意 + 选举	P1 + P2（？）+ P3 + P4 + P5
	苏贞昌	否	是	是	是	是	党意 + 民意 + 选举	P2 + P3 + P4 + P5

---

①　马英九第一任期内第二位"阁揆"吴敦义于2012年升任当局副领导人，这与通常意义上的"阁揆"离任有着显著的区别，可视为一种特殊情况，此处暂不作讨论。

续表

时期	三类因素 五项命题 "阁揆"	党意		民意		选举	三类因素 作用情况	五项命题 作用情况
		与"府会"对立争权有关？	与党内派系分立竞合有关？	与自身民望较低有关？	与领导人民望较低有关？	与选举有关？		
马英九（Ⅰ）①	刘兆玄	否	否	是	是	否	民意	P3 + P4
马英九（Ⅱ）	陈冲	否	否	是	是	否	民意 + 选举	P3 + P4 + P5
	江宜桦	否	否	是	是	是		
	毛治国	否	否	是	是	是		

资料来源：作者整理

（二）其他"阁员"

那么同期行政管理机构负责人副手、正副秘书长、发言人、"政务委员"以及各事务主管部门负责人等其他"阁员"的离任又是否支持上述命题呢？为此，笔者对1997年9月萧万长"内阁"成立后到2016年5月"第三次政党轮替"前345次上述"阁员"离任情况（不含因"政党轮替"自然离任，不涉及行政管理机构下辖的"独立机关"）以及在此期间TVBS民调中心发布的政治人物施政满意度数据（其中91次针对当局领导人，52次针对"阁揆"，21次针对"内阁"团队）按月进行统计分析，以对命题真伪进行检验。

如前所述，在李登辉执政末期（萧万长"内阁"时期），上述命题的条件均不具备，笔者将这一时期记为Ⅰ。而在陈水扁执政期间，执政党内派系分立程度高，2005年高雄捷运外劳弊案发生以后台湾民众的反抗意识明显增加，因此陈水扁执政中前期（从2000年"第一次政党轮替"到2005年高雄捷运外劳弊案前）单独具备P2的条件，记为Ⅱ；陈水扁执政后期（从2005年高雄捷运外劳弊案到2008年"第二次政党轮替"前）同时具备P2、P3、P4的条件，记为Ⅲ；马英九执政的大部分时期（2008年"第二次政党轮替"到2016年新一届台湾当局立法机构民意代表上任前）只具备P3、P4的条件，记为Ⅳ；而从2016年新一届台湾当局立法机构民意代表上任到"第三次政党轮替"仅不足四个月，时间过短，不列入讨论。

若命题成立，单独受 P2 条件影响的 II 时期和受 P3、P4 条件影响 IV 时期"阁员"离任频率均应高于不受任何命题条件影响的 I 时期，而同时受 P2、P3、P4 条件叠加影响的 III 时期"阁员"离任频率应为最高。

表 2 的统计结果显示，在 I 时期的 33 个月中，平均每月仅不足 1.2 名"阁员"离任；在 II 时期的 63 个月中，平均每月有超过 1.4 名的"阁员"离任；在 III 时期的 33 个月中，平均每月有近 1.8 名"阁员"离任；在 IV 时期的 92 个月中，平均每月有约 1.7 名"阁员"离任。由此可见，"阁员"离任频率在 I 时期最低，II、IV 时期次之，III 时期最高，与预期相符，因此支持命题 P2、P3、P4 的成立。

表 2　"双首长制"下各时期"阁员"月平均离任人数（截至 2016 年 5 月）

时期	I（33 个月）	II（63 个月）	III（33 个月）	IV（92 个月）
起作用的命题	无	P2	P2,P3,P4	P3,P4
月平均离任人数	1.2	1.4	1.8	1.7

资料来源：作者整理

此外通过 SPSS 软件进行相关性分析显示，各月"阁员"离任人数与上个月当局领导人满意度、"阁揆"满意度和"内阁"团队满意度均呈显著负相关关系，可见民意对当局领导人、"阁揆"和"阁员"的不满确实导致了更多"阁员"下台，亦支持命题 P3、P4 的成立。

表 3　满意相关性分析

		当月"阁员"离任人数	上月当局领导人满意度	上月"阁揆"满意度	上月"内阁"团队满意度
当月"阁员"离任人数	Pearson Correlation（皮尔逊相关数据）	1	−.177	−.384	−.410
	Sig. (1−tailed)	—	.046	.002	.032
	N	225	91	52	21

续表

		当月"阁员"离任人数	上月当局领导人满意度	上月"阁揆"满意度	上月"内阁"团队满意度
上月当局领导人满意度	Pearson Correlation	−.177	1	.697	.873
	Sig. (1−tailed)	.046	—	.000	.000
	N	91	104	55	24
上月"阁揆"满意度	Pearson Correlation	−.384	.697	1	.870
	Sig. (1−tailed)	.002	.000	—	.000
	N	52	55	64	27
上月"内阁"团队满意度	Pearson Correlation	−.410	.873	.870	1
	Sig. (1−tailed)	.032	.000	.000	—
	N	21	24	27	28
*. Correlation is significant at the 0.05 level (1−tailed).					
**. Correlation is significant at the 0.01 level (1−tailed).					

资料来源：作者使用 SPSS 软件进行相关性分析的结果

最后，在本文所考察的 225 个月中，当月或上个月举行过正式公职人员选举的月份共有 46 个，约占总月数的 20.4%，但在此期间共发生了 130 起"阁员"离任事件，占"阁员"离任事件总数 37.7% 左右，显著高于平均水平，可见选举不仅为行政管理机构负责人的变动创造了条件，也在短期内加剧了"内阁"不稳定，所以命题 P5 得到支持。

五、结语

综上所述，对于台湾当局"内阁"为何不稳定这一问题，以往学者主要在制度政治之内寻找答案，未对制度外的民意因素给予足够的重视，也没有注意到相关解释因素自身的变化导致各个时期"内阁"不稳定现象的成因有所不同。

　　本文在既有研究的基础上结合制度政治和制度外因素，提出了一套"党意—民意—选举"分析框架。其中党意包括当局领导人贯彻执政党政策主张和稳固党内权力格局的需求，前者在"府会"不一致时尤其强烈，为此当局领导人往往会以撤换"阁揆"的手段来为政策铺路；后者则在执政党内部派系分立严重的情况下得到凸显，当局领导人可能会通过"内阁"人事调整来满足党内派系政治利益重新分配的要求。作为可能左右未来选情的潜在因素，民意高低关乎当局领导人或执政党的政治前途，当局领导人也不得不给予重视，若"内阁"成员不孚一般民意，当局领导人或"阁揆"倾向于将其撤换以纾解民怨，若当局领导人或"阁揆"自身声望不佳，他们也可能试图通过撤换不得民心的"内阁"成员来挽回民意支持。如果说党意和民意为当局领导人调整"内阁"人事提供了压力和动机的话，那么选举则成了将动机付诸实践的时机。一方面伴随着选后大量的职务调动，当局能够更容易地在"内阁"展开人事布局；另一方面选举结果也是一般民意的集中反映，当局得以据此对"内阁"进行针对性调整。

　　以"党意—民意—选举"分析框架进行历时性探讨，可以较好地解释台湾各时期制度政治内外因素变化与"内阁"稳定程度的关系。2000 年"第一次政党轮替"以后，党内派系分立程度较高的民进党开始掌权，"府会"对立状况亦同步出现，党意因素的凸显使得台湾当局"内阁"相较以往明显变得不稳定。2005 年，民众对当局的信任度因高雄捷运外劳弊案遭受重挫，社会反抗意识明显兴起，民意因素和党意因素的叠加使台湾当局"内阁"进一步呈现出风雨飘摇的状态。2008 年，随着国民党的重新上台，党意因素的作用淡化，但民众的反抗意识更加高涨，受民意因素的影响，台湾当局"内阁"在这一时期仍然是不稳定的。在"内阁"不稳定的情况下，历次重要选举结束后的短时间内也是"阁揆"和"阁员"离任的高发期。

　　那么在党意、民意和选举的共同作用下，当前蔡英文任内台湾当局"内阁"稳定程度将呈现怎样的变化趋势呢？一方面"第三次政党轮替"以后，民进党全面执政，"府会"对立局面不复存在。而 2006 年"解散派系"以后，民进党内部派系分立程度趋减，但影响尚存，如 2017 年 9 月民进党重返执政后首任"阁揆"林全的下台就被认为与"新潮流系"的"逼宫"有关。① 另一

① 《"独"派大老早要林全下台：不换人，蔡英文没明天》，ETtoday 新闻云（台湾），2017 年 7 月 24 日，资料来源：https://www.ettoday.net/news/20170724/972847.htm.

方面，台湾民众的反抗意识仍在进一步提升。据 TVBS 民调显示，台湾民众对蔡英文的满意度已从 2016 年上任之初的近五成跌落到 2017 年底的不足三成，对"阁揆"林全的满意度则由 2016 年上任之初的近四成跌落到 2017 年 8 月卸任前的不足两成，对继任者赖清德的满意度也迅速从高位跌落，两个月就急降一成以上。截至 2017 年末，在未举办任何大型选举的情况下，已有一位"阁揆"和十余位"阁员"离任。可见执政党内部派系争权和民意不满已导致蔡英文执政初期"内阁"就出现了不稳定的迹象，若这一趋势仍然持续，2018 年底的地方公职人员选举可能会成为影响赖清德和不少"阁员"政治命运的重要节点。

应当说明的是，本研究尚存在若干有待改进之处。首先，"党意—民意—选举"分析框架虽然补充和丰富了制度政治的解释，但仍然偏于结构化，未能充分挖掘相关当事人的主观特质与"内阁"变动频率的关系。譬如我们仍不了解陈水扁的"鸭霸"和马英九的"温良恭俭让"①是否影响到他们调整"内阁"的果决程度，而"内阁"成员"恋权位""重名节"等个性特征是否决定了他们在面对政治压力时选择迅速反应还是试图以拖待变。其次，本文以民调结果来代表一般民意，尽管相对客观，但全面性不足，譬如游行示威抗议活动往往凭借较激烈的手段引起广泛关注，也能营造出其诉求代表"全民意旨或是多数民意"②的印象，在今后的研究中可对此进行适当补充。最后，本文仅着眼于一般民意，未探讨特殊民意是否也会影响"内阁"稳定，譬如当反对党支持者和本党"基本盘"对"内阁"成员评价反差明显时，出于选票最大化的考量，当局将主要参考哪一方的意见，进而决定是否对"内阁"进行调整？类似问题也有待进一步探讨。

---

① 《谈历任"总统"邱义仁曝扁拒爆兴票案秘辛》，"中央社"（台湾），2017 年 9 月 23 日，资料来源：http://www5.cna.com.tw/news/aipl/201709230144-1.aspx.

② 余致力：《民意与公共政策：表达方式的厘清与因果关系的探究》，载《中国行政评论》（台湾），第 9 卷第 4 期，2000 年 9 月，第 91 页。

表 4　部分地区执政党轮替频次分析

国家和地区	2000—2015 年"阁揆"数（个）	前项"阁揆"平均任期（年）
台湾地区	12	1.25
格鲁吉亚	11	1.36
吉尔吉斯斯坦	11	1.45
日本	9	1.67
乌克兰	9	1.78
意大利	7	2.14
蒙古国	7	2.14
马其顿	7	2.43
斯洛文尼亚	6	2.5
罗马尼亚	6	2.5
希腊	7	2.57
波兰	7	2.57
法国	6	3
保加利亚	6	3
立陶宛	5	3
俄罗斯	5	3
斯里兰卡	5	3
也门	5	3.4
克罗地亚	4	3.75
芬兰	5	4
葡萄牙	5	4
奥地利	3	5
亚美尼亚	3	5
斯洛伐克	3	5.33
英国	3	6
爱尔兰	3	6
德国	2	8.5

续表

国家和地区	2000—2015 年"阁揆"数（个）	前项"阁揆"平均任期（年）
冰岛	3	8.67
新加坡	2	12.5

资料来源：作者根据林浊水《叫我世界第一名：台湾消耗"阁揆阁员"的速度》文内图表改绘

时间可以改变台湾青年对大陆学生的偏见吗？ ①
——两岸青年学生群际接触的理论探索与实证研究

段哲哲（深圳大学城市治理研究院），马　冀（台湾政治大学教育学院），郑振清（清华大学公共管理学院）

摘要：自 2011 年台湾地区向大陆学生开放"学位生"赴台高校就读以来，包括学位生、研修生在内的大陆学生（陆生）赴台求学的人数大幅增加。在复杂的两岸关系背景下，直接和陆生发生群际接触的台湾青年如何看待陆生，既是海峡两岸关系的新问题，也是社会心理学和群际研究的有价值问题。群际接触理论认为群际接触对认知态度的正向效应需要四个条件：平等地位、共同目标、群际合作以及制度支持。受两岸历史遗留问题和台湾当局的政策限制，赴台陆生与台湾青年的群际接触缺乏制度支持条件，因此产生的群际关系认知态度很值得探讨。本文利用台湾地区网络调查问卷数据对台湾青年与陆生群际接触的效果进行实证研究。研究结果发现：第一，在两岸关系背景下，台湾青年的群体偏见对陆生的群际认知态度有负向影响效应；第二，台湾青年对陆生的初始印象会对他们的统"独"倾向产生中介效应，进而对群际认知产生显著影响；第三，两岸学生接触的时间长短对群际认知态度有显著影响，出现非线性的 U 型调节效应，亦即超过一定阈值的接触时间可以在一定程度上改变台湾青年对大陆学生的认知偏见。

关键词：台湾青年；群体偏见；群际接触；群体认知态度；陆生

---

①　本文原载于《台湾研究集刊》2019 年第 2 期，第 20—30 页

一、问题提出：群际接触的正向效应能否在台湾青年与大陆学生之间产生？

自 2011 年秋起，台湾当局开放大陆学生赴台就读学位，并逐步扩大采认大陆学历的大陆高校范围。从此，大陆赴台湾地区高校就读的学生（以下简称"陆生"），包括学位生和研修生两类，人数迅速增加（详见表1），两岸高等教育交流翻开新的篇章。陆生在台的很多权益虽然受到台湾当局"三限六不"等政策的限制，但总人数在 2016 年依然达到一个高峰，为 41975 人。2016 年 5 月，民进党重新在台湾执政，由于民进党当局拒不承认"九二共识"，两岸交流严重滑坡，也影响了陆生赴台就读意愿，2017 年赴台陆生人数为 1693，比 2016 年减少 16%。从民进党当局上调侨生健康保险费用并将上调费用的原因指向陆生，到台湾某高校借口宿舍清空不彻底将 50 名陆生集体退宿，近年来陆生越来越多地感受到了台湾社会与民进党当局的敌意和偏见。

表 1　2011—2017 年陆生在台人数汇总表单位：人

年度	研修生	学位生 (2011 年起招生)		合计
		招生数 (仅新生)	在学数 (含旧生)	(学位生 + 研修生在学数)
2011	11,227	928	928	12,155
2012	15,590	951	1,864	17,454
2013	21,233	1,822	3,554	24,787
2014	27,030	2,553	5,881	32,911
2015	34,114	3,019	7,813	41,927
2016	32,648	2,835	9,327	41,975
2017	25,824	2,139	9,462	35,286
总计	167,666	14,247	38,829	206,495

数据来源：台湾方面"陆委会"，https://www.mac.gov.tw/cp.aspx?n=A3C17A7A26BAB048，统计截止日期为 2018 年 3 月 20 日。

陆生赴台就读和台湾青年来大陆就读，两者均增加了两岸青年面对面交流的机会。社会心理学的群际接触（intergroup contact）理论认为，直接的面对面接触可以有效改善个体对外群体的态度与偏见。[①]据此，两岸青年交流理应促进这两个群体的群际态度发展。群际接触的正向效应（positive effect）需要四个最优条件（optimal condition），分别是平等地位、共同目标、群际合作，以及制度支持（即官方、法律、道德规范和社会传统等对群际接触予以支持）。[②]在两岸交流中，最直接和陆生发生群际接触的群体就是台湾青年学生，两者地位平等，学习目标一致，在学习和生活中经常会有合作，然而第四个条件——制度支持——并不具备。台湾方面长期对大陆进行负面宣传，岛内部分法规对陆生存在歧视，整体社会氛围对陆生并不友善，目前执政的民进党当局也不支持台湾青年改善对陆生的群体态度。有研究文献指出：在种族歧视的政策下，南非的白人家庭主妇依然会因为贴近的接触而对非洲佣人产生更好的群际态度。[③]那么，在缺少制度支持的条件下，群际接触的正向效应能否在台湾青年与陆生群体之间发生？哪些因素影响着台湾青年对陆生的群体认知态度？这是本文想要探究的两个核心问题。本文的两位研究生作者作为陆生已在台湾高校求学多年，对上述问题有直接的感受和研究驱动力，在教师指导下利用网络问卷调查开展实证研究。

二、文献探讨及研究假设

（一）群际接触理论中的群际认知态度

群际接触理论（intergroup contract theory）形成于二战后的美国，由Allport在1954年首先提出，原本用于解释种族之间的矛盾冲突，尤其是黑人与白人之间的关系，后来在不同国家的诸多群体研究中均得到验证。[④]该理论认为，群际冲突的原因主要是认知上的刻板印象、态度上的偏见和行为上的歧视。这些冲突的发生正是因为不同群体之间缺乏接触。[⑤]在地位平等、有

---

① Thomas F.Pettigrew and L. R. Tropp . "A Meta-analytic Test of Intergroup Contact Theory", *Journal of Personality and Social Psychology*, 2006, 90(5):751-783.

② Gordonw Allportwrited. *The Nature of Prejudice*. Doubleday Anchor Books, 1958.

③ A. C. V. Dyk. "Voorspellers van Etniese Houdings in 'Noue Kontaksituasie'",*South African Journal of Psychology*,1990,20(3):206-214.

④ 李森森、龙长权、陈庆飞等：《群际接触理论———一种改善群际关系的理论》，《心理科学进展》2010年第5期，第831—839页。

⑤ John F. Dovidio, S. L. Gaertner and K. Kawakami . "Intergroup Contact: The Past, Present, and the Future", *Group Processes & Intergroup Relations* ,2003,6(1):5-21.

共同目标、群际合作和制度支持下进行群际接触，是减少偏见的主要方式。[①]因此，提升群体之间的友善关系，就需要给予足够的信息，而足够信息的获取，主要来源渠道之一是群际接触。

在群际接触理论中，群际认知态度指的是群体之间一方对另一方好或者不好的评价，可以细分为表达判断、估计情况、对行为的疑问等，为进一步的群际关系发展提供机会评估。[②]大多数情况下，群际认知态度分为正向态度和负向态度两类，[③]也有文献在正向和负向态度之间加入中立态度，将其分为三类。[④]Bourhis 等在描述移民接收国与移民的群际认知态度时又进一步将其分为四个类别：整合（intergration）、同化（assimilation）、隔离（seperation）和排斥（marginalization）。[⑤]

如何测量特定群体的群内和群际认知态度是群际接触领域讨论已久的难题。Saguy 等在测量群际态度时，提出的三个子问题分别面向人文素养（是否友好）、态度感受（是否尊敬对方）、人格品质（有同情心）。[⑥][类似的，在关于南非人对英国白人的群际态度和研究儿童的群际认知态度研究中，研究者们使用的测量问题也都针对人格品质（是不是好人）以及态度感受（是否喜欢对方）来进行。]Zagerfka 和 Brown 在测量德国移民后代群际认知状况时则选取自身的生活习惯、文化特质等方面来进行评判。[⑦]同样以学生群体作为测量对象，Brown 等在测量认知态度时，使用七分量表，测量一个学校学生对另一个学校学生学习（努力还是懒惰）、人文素养（友好还是不友好）和其

---

①　郝亚明：《西方群际接触理论研究及启示》，《民族研究》2015 年第 3 期，第 13—24 页。

②　M. A.Olson and R. H. Fazio . "Relations between Implicit Measures of Prejudice: What are We Measuring?", *Psychological Science*, 2010, 14(6):636-639.

③　Lindsey Cameron et al. "Changing Children's Intergroup Attitudes towards Refugees: Testing Different Models of Extended Contact", *Child Development* , 2010, 77(5):1208-1219.

④　David Desteno et al. "Prejudice From Thin Air. The Effect of Emotion on Automatic Intergroup Attitudes", *Psychological Science* , 2004, 15(5):319-324.

⑤　Richard Y. Bourhis et al. "Towards an Interactive Acculturation Model: A Social Psychological Approach", *International Journal of Psychology* , 1997, 32(6):369-386.

⑥　TamarSaguy et al. "The Irony of Harmony: Intergroup Contact Can Produce False Expectations for Equality", *Psychological Science,* 2009, 20(1):114-121.

⑦　Hanna Zagefka and R. Brown . "The Relationship between Acculturation Strategies, Relative Fit and Intergroup Relations: Immigrant-majority Relations in Germany", *European Journal of Social Psychology* , 2002, 32(2):171-188.

他方面（体育能力高低，是否聪明）的评价。[①]

参考上述研究文献，本研究使用了李克特五分量表来定义因变量，亦即让台湾青年自评他们对陆生的群际认知态度，1 为非常不好，2 为不好，3 为一般，4 为好，5 为非常好。

（二）群体偏见与群际接触

1. 政治社会化、群体偏见与群体态度

社会化是将个人持续且广泛导入社会客观世界的过程，分为不同的阶段。初级社会化是个体在孩童时期成为社会一员的第一步，次级社会化则是指将已经社会化的个人重新导入各种新的社会组成部分的过程。[②] 政治社会化是民主化后台湾社会重要的形塑政治立场的解释变量。政治社会化的媒介有家庭、学校、共同团体以及大众传媒等，[③] 尤其是大众传媒可以促进公民在政治方面的兴趣、学习、效能与参与。[④] 台湾媒体普遍具有浓厚明显的党派立场，是影响民众政治立场的重要因素。"象征政治"（Symbolic Politics）这一非经济学的解释理论认为公民政治行为主要由其价值与情感偏好决定，诸如意识形态、政党支持、身份支持、爱国主义和社会信任等。[⑤] 这些内在价值认同与政治定向，经过社会政治化学习认知之后，比较难以改变。由于长期受到各种政治社会化机制的影响，近年来许多台湾民众对大陆的初始印象或刻板印象多是负面、消极、贬抑的。这种负面印象当然也存在于台湾的高校学生身上。[⑥] "太阳花学运"之后，两岸青年群体间逐渐形成偏见、紧张甚至敌视等

————————

　①　Rupert Brown et al. "Intergroup Contact and Intergroup Attitudes: A Longitudinal Study", *European Journal of Social Psychology*, 2010, 37(4):692-703.

　②　P. L. Berger & T. Luckmann：《知识社会学：社会实体的建构》，台北：巨流出版社，1991 年。

　③　Gina M.Garramone and C. K. Atkin. "Mass Communication and Political Socialization: Specifying the Effects", *Public Opinion Quarterly,* 1986, 50(1):76-86.

　④　陈光辉：《民主经验与民主价值——两个世代台湾大学生之比较》，《台湾民主季刊》（台北）2010 年第 4 期，第 19 页。

　⑤　D. O.Sears. "The Role of Affect in Symbolic Politics",*Citizens and Politics: Perspectives from Political Psychology*, Cambridge University Press, 2001,pp.14-40.

　⑥　陈孔立：《"台湾人"群体对中国大陆的刻板印象》，《台湾研究集刊》2012 年第 3 期，第 1—6 页。

心理。[①] 现有的研究显示群体偏见可以通过政治态度与初始印象情绪测量。

个体在幼年时期就已经能够形成并表现出对外群体的偏见，这些偏见可以影响到其成年之后对外群体的态度。[②] 初始印象情绪既能为一个群体对另一个群体的接触和判断提供条件，也可能产生非常严重的偏见。对于台湾青年和陆生两个群体而言，政治态度是尤为重要的初始印象情绪或群体偏见。多年来的群际接触研究不断完善了 Allport 所提出的接触最优条件，其中就包括良好的初始印象情绪等。已有群际接触研究显示，众多影响群际接触的变量中，对另一群体的政治态度非常重要，[③] 因此本研究选取最能体现台湾青年对陆生偏见的因素，即对两岸关系的态度作为研究接触态度的重要变量，并且认为更加敌对的政治态度（"台独"倾向）可能会使台湾青年对陆生的接触态度产生负面影响，而怀着温和政治态度（倾向于维持现状和两岸统一）的台湾青年会对陆生有更加正面的接触态度。

台湾民众对大陆人的初始印象情绪主要源于不同社会制度，特别是政治制度的塑造，台湾青年也不例外。在社会舆论、教育机构与媒体长期的影响下，台湾青年与陆生面对面交流之前就对陆生存在某种预设。当带有鲜明政治观点的台湾青年与陆生接触时，政治态度可能会影响台湾青年对陆生的初步印象情绪。情绪因素通常分为正面、中立和负面。负面情绪例如厌恶、憎恨、远离等会阻碍群际互动的发生，而群际接触时的正面情绪，例如认可、欢迎、赞许等，则能够有效改善对外群体的态度。[④] 研究发现，北爱尔兰的天主教徒和新教徒之间存在更积极的群际情绪态度，进而增加交流，导致更好的群际认知态度变化。[⑤] 英国的南亚血统群体和白人血统群体在正向的群际认

---

① 郑振清：《台湾新世代社会运动中的"认同政治"与"阶级政治"》，《台湾研究》2015年第 6 期，第 9—15 页；唐桦：《群际接触与偏见：交流中台湾青年的心理机制》，《台湾研究集刊》2017 年第 6 期，第 8—14 页。

② Drew Nesdale. *Social Identity Development and Children's Ethnic Attitudes in Australia, Handbook of Race, Racism, and the Developing Child.* John Wiley & Sons, Inc. 2008.

③ Amir, and Yehuda. "Contact Hypothesis in Ethnic Relations", *Psychological Bulletin*, 1969, 71(5):319-342.

④ Vincent Yzerbyt, Olivier Corneille . *Cognitive Process: Reality Constraints and Integrity Concerns in Social Perception. On the Nature of Prejudice: Fifty Years after Allport.* 2013.

⑤ Stefania Paolini et al. "Increased Group Dispersion after Exposure to One Deviant Group Member: Testing Hamburger's Model of Member-to-group Generalization", *Pers Soc Psychol Bull* , 2004, 40(5):0-585.

知态度下，群际关系会由于自我调整而更为正面，减少了群集焦虑。[①]Islam和 Hewstone 在研究印度教徒和穆斯林信众之间的群际认知态度时选择了情绪因素作为重要变量，将其区分为：平等（完全不是→完全是）、非自愿或自愿、泛泛而交或亲密、愉快（一点也不→非常）、竞争或合作。他们发现，正面的情绪因素不但能够显著减少群际接触中的焦虑，更能够直接作用于群际态度，带来显著正面影响。[②]DeSteno 等人的研究主要针对中立情绪和负面情绪对群际态度的影响。他们发现相对于中立情绪，生气、嫉妒、害怕、厌恶以及其他负面情绪会带来显著的群际偏见和负面认知态度。[③]对于台湾青年与陆生之间的群际互动结果而言，台湾青年的情绪因素可能对结果产生重要正相关影响。因此，本研究以 1—10 分对初始印象情绪进行连续测量：1 代表非常正面，10 代表非常负面。本研究假设台湾青年正面情绪因素会对群际认知态度产生正面影响，而负面情绪因素则对认知态度产生负面影响，据此提出假设一：

假设一：群体偏见对群体态度有负向效应。

假设 1.1：台湾青年政治倾向越支持统一，对陆生态度越正面。

假设 1.2：台湾青年对陆生初始印象情绪越正面，对陆生态度越正面。

2. 群际接触与群际认知态度

一般群际互动理论认为：群际互动越多，包括高接触频率和长接触时间，就越能减少偏见和敌视，也就越能改善群体间关系。Brameld 指出当两个群体相互隔离不进行接触，偏见和冲突就会泛滥；而积极的群际互动会改善群体之间的不和谐，形成双方新的群体认知态度[④]随着实证研究范围扩大，群际接触的效应呈现出三种不同类别：

第一，群际接触对外群体态度具有线性正向效应。接触理论提出者、社会学家 Robin Williams 与社会心理学家 Gordon Allport 都是正向效应支持者，

---

①　Rhiannon N. Turner, M. Hewstone and A. Voci . "Reducing Explicit and Implicit Outgroup Prejudice Via Direct and Extended Contact: The Mediating Role of Self-disclosure and Intergroup Anxiety", *Journal of Personality and Social Psychology* , 2007, 93(3):369-388.

②　Mir RabiulIslam and M. Hewstone . "Dimensions of Contact as Predictors of Intergroup Anxiety, Perceived Out-Group Variability, and Out-Group Attitude: An Integrative Model", *Personality & Social Psychology Bulletin,* 2016, 19(6):700-710.

③　David Desteno et al. "Prejudice From Thin Air. The Effect of Emotion on Automatic Intergroup Attitudes", *Psychological Science,* 2004, 15(5):319-324.

④　T.Brameld.*Minority Problem in the Public School*. New York: Harper, 1946, p.245.

他们认为在最优的条件下，与外群体进行适当的接触，能有效改善群际关系——提升外群体偏好或降低群际偏见。[①]在群际接触中个体通过建立跨群体友谊可以增强群际接触的积极作用，[②]微观层面的群际接触会遏制宏观层面的冲突。Pettigrew 与 Tropp 利用截面数据的研究指出：群际接接触通过增强外群体知识、减少群际接触焦虑、增加同理心的机制减少偏见。在大量实证研究中接触与偏见存在高度且非常显著负相关关系（mean r = -0.22,p< 0.001）。此外，还有学者使用纵向资料分析与严格实验设计开展研究，均支持接触对外群体态度的正向价值。

　　一般认为，自国民党退踞台湾以来，两岸交流长期中断，不同的政治制度、教育体系与舆论氛围，对台湾青年学生产生了深刻的影响。因此，2011年陆生来台，两岸青年学生有了面对面、较长时间交流的机会，呈现一种特殊的群际磨合。这种磨合有望在充分交流、补足信息的情况下化解矛盾。这也是马英九当局在 2011 年力推陆生入台就读的原因之一。马英九曾对媒体公开表示"希望透过两岸深度交流，继续降低敌意，并对区域和平做出贡献"，还多次表示"让更多两岸年轻人交流，将来双方达到和平解决争端的机会就会更大；台湾开放自由的环境，绝对有助于两岸和平，因为这些人将来回到大陆后，可以变成台湾最好的朋友"[③]。

　　第二，群际接触对外群体态度具有线性负向效应。群际接触可能产生不确定性与群体焦虑，给群际关系带来负面影响。[④]有学者指出群际互动越多，并不表示双方认知态度就能够缓和。相反，在某些条件下，一些接触会导致偏见和冲突的增加。实证研究发现，群际的良好接触会导致期望升高，从而在之后的群际交往中导致更大的失望。在一些不利条件下，比如竞争性环境、

①　Gordonw Allportwrited. *The Nature of Prejudice*. Doubleday Anchor Books, 1958.

②　Ananthi Al Ramiah and M. Hewstone . "'Rallying Around the Flag'：Can an Intergroup Contact Intervention Promote National Unity?", *British Journal of Social Psychology*, 2012, 51(2).

③　搜狐新闻:《马英九谈陆生赴台：期待两岸深度交流降低敌意》，获取时间：2018 年 8 月 14 日，http://news.sohu.com/20110408/n280190773.shtml。

④　Jim Blascovich et al. "Perceiver Threat in Social Interactions with Stigmatized Others", *Journal of Personality and Social Psychology,* 2001, 80(2):253-267.

个人需要得不到满足[①]、负面接触经验[②]、不平等地位、非共同目标、法律与制度的不支持等，更多的接触可能会导致更多的质疑和冲突。而过于直接的群际接触，还可能引发群际之间的焦虑和恐惧，使得群际和谐关系无法进一步发展。大量实证研究的证据一致表明：跨种族接触可能对人们的认知功能产生不利影响，因为它耗尽了对自我调节很重要的执行注意力资源（executive attention resource）。[③] 消耗的发生主要是因为接触情况造成的焦虑和不确定性。[④] 此外，有学者总结发现，这种差异可能是因为使用了不同的测量方式，对焦虑的生理和行为指标的测量显示了接触的负面影响，而使用自我报告测量的横断面研究则报告了接触的正面影响。[⑤] 在陆生研究方面，研究者发现：陆生对台湾民众的国际意识、对台湾的整体印象方面，短期交换生的评分普遍高于长期在台就读的学位生，[⑥] 学位生在台交流接触后对台湾整体观感更加负面；有学者甚至认为台湾是大陆的"爱国主义教育基地"：陆生直接接触台湾社会与民众，对台湾社会产生反感与敌意，因而激发出对大陆的热爱。[⑦]

第三，群际接触对外群体态度并不是线性的。尽管大多数研究显示增加群际互动能够提高群际态度，但也有研究指出群际接触互动（包括频率和时间）对于群际态度的影响并不完全是线性的，而是呈现出某种近似 U 型的曲线：当接触互动强度（intensity）与程度（extent）较少和接触互动强度较多的时候，群际间友好度较高，而当接触互动处在中等水平时，群际友好度处在最

① Walter G. Stephan. "The Contact Hypothesis in Intergroup Relations",1987, 获取时间 2018 年 8 月 14 日，http://psycnet.apa.org/record/1987-98467-001.

② Agostino Mazziotta et al. "(How) does Positive and Negative Extended Cross-group Contact Predict Direct Cross-group Contact and Intergroup Attitudes? Positive and Negative Extended Contact Effects", *European Journal of Social Psychology*, 2015, 45(5):653–667.

③ J. A. Richeson and J. N. Shelton. "When Prejudice Does Not Pay: Effects of Interracial Contact on Executive Function", *Psychological Science*, 2003, 14(3):287-290.

④ Jennifer A.Richeson and S. Trawalter . "Why Do Interracial Interactions Impair Executive Function? A Resource Depletion Account", *Journal of Personality and Social Psychology*, 2005, 88(6):934-947.

⑤ Stefania Paolini et al. "Intergroup Contact and the Promotion of Intergroup Harmony: The Influence of Intergroup Emotions", *Hewstone Miles*, 2006:209-238.

⑥ 周祝英、杨雁斐：《国际化另一章：第一届毕业陆生满意度调查初步报告》，《教育研究月刊》2015 第 11 期，第 27—38 页。

⑦ 汪宏伦、张可：《"RIP,426"：解析"中国大陆旅台学位生"的国族经验》，《政治与社会哲学评论》（台北）2018 年第 6 月。

低阶段。[①]

　　现有的实证研究中，常用的群际接触测量量表包括接触数量与质量两个方面。数量方面有两种测量方法：部分研究采用接触频次来测量，如 Islam 和 Hewstone 选取了家庭拜访和非正式谈话的频率作为群际接触的变量。[②] 在研究两所学校学生的群体态度时，Brown 等同样以接触频率作为变量，从少于一年一次，到每天一次，他们发现接触频率越高，亲密程度也越高，负面态度越少。而部分研究以接触时间来测量群际接触数量。"海基会"民调显示，有家人在大陆投资、工作或居住者，或是受访者本人或家人曾在大陆居住超过 3 个月者，对大陆的正面观感达到 53%。[③] 本研究采用接触频次与接触时间两个测量维度。基于大部分实证研究的结果，本文提出两类共 6 个假设：

　　假设二：群体接触存在正向效应。

　　假设 2.1：台湾青年与陆生接触频次越高，对陆生态度越正面。

　　假设 2.2：台湾青年与陆生接触时间越长，对陆生态度越正面。

　　假设三：群际接触对群体偏见与群体态度存在正面调节效果。

　　假设 3.1：与陆生接触频次对台湾青年统"独"倾向、与陆生态度关系存在正面调节效果。

　　假设 3.2：与陆生接触频次对台湾青年初始群体偏见、与陆生态度关系存在正面调节效果。

　　假设 3.3：与陆生接触时间对台湾青年统"独"倾向、与陆生态度关系存在正面调节效果。

　　假设 3.4：与陆生接触时间对台湾青年初始群体偏见、与陆生态度关系存在正面调节效果。

---

① Louis Guttman and U. G. Foa . "Social Contact and an Intergroup Attitude"，*Public Opinion Quarterly*, 1951, 15(1):43-53.

② Mir Rabiul Islam and M. Hewstone. "Dimensions of Contact as Predictors of Intergroup Anxiety, Perceived Out-Group Variability, and Out-Group Attitude: An Integrative Model"，*Personality & Social Psychology Bulletin,* 2016, 19(6):700-710.

③ 佚名：《台民众对大陆心态矛盾：抱怨批评又想到大陆工作》，中国新闻网，http://www.chinanews.com /tw /2010 /12 － 23 /2742228.shtml.

三、研究方法及变量测量

（一）研究方法

第一，本文作者在台湾地区采用网络问卷方式收集数据，通过 Google 表单的问卷调查功能向全台各高校在校的台湾青年发放问卷。调查执行期间为 2016 年 12 月 11—25 日，是蔡英文上台执政半年的节点，共回收具有全台湾大范围便利抽样性质的有效问卷 441 份。

第二，建立线性回归模型。本研究的因变量群际认知态度是连续变量，故采用线性回归模型作为分析工具，并采用阶层回归模型，分层次检验理论框架中不同影响因素的效果，具体公式如下：

$$Y = a_o + \sum \beta X_i + \varepsilon \text{（1）}$$

其中 Y 是因变量，a_o 是常数项，i 是自变量序号，X_i 是各类解释变量，β 是其系数，ε ε_{it} ε_{it} 则是随机误差。

（二）变量测量

对于群际认知态度的测量，通常有自陈式和评分式两种。前者让受访人直接选取具体词汇进行评判，后者则使用五分量表或七分量表等让受访人针对某一向度进行打分；本研究采用五分量表进行测量：1 代表非常差，5 代表非常好。

群体偏见则采用统"独"立场与初始印象情绪两个维度进行测量，统"独"立场分为支持"独立"、中立、支持统一 3 个尺度，初始印象情绪则采用 10 尺度连续量表：1 代表非常正面，10 代表非常负面。

群际接触采用接触频次与接触时间两个测量维度进行测量：1= 每日一次，2= 每周 1—3 次，3= 每月 1—3 次，4= 每学期 1—3 次，5= 完全不接触。接触时间单位为年，为连续变量。

四、研究结果及讨论

（一）描述性统计

在调查获得的 441 份有效问卷中，控制变量分布为：男性占 42.79%，女性占 57.21%；涵盖二年制、本科生、硕士生和博士生，其中本科生占 72.08%，研究生占 23.34%；公立学校学生 78.49%，私立学校学生 21.51%；

学校区域涵盖台湾北、中、南、东部，其中北部学生占 62.7%，南部学生占 21.97%；涵盖理工与社会科学等不同学科；去过大陆的比例为 42.4%，没有去过的 57.6%。整体而言，样本具有一定的代表性。

自变量与因变量的描述性统计如表 2 所示：接触频次平均数为 2.4（接近每周 1—3 次），说明台湾青年与陆生接触频次比较频繁。接触时间平均数为 1.7 年，接触时间不算长。初始印象情绪平均数为 5.865，说明政治社会化让台湾青年对大陆学生初始印象情绪偏向负面。台湾青年对陆生认知态度的总体评价均值为 3.65，标准差 0.76，单样本 t 检定（均值差值，下限为 1.08，上限为 1.22，$p < 0.01$）台湾青年对陆生评价整体偏向正面。

表 2   自变量与因变量描述性统计结果

变量	最小值	最大值	均值	标准差	有效样本数
接触频次	1	5	2.4	0.985	438
接触时间（单位：年）	0	5	1.7	0.994	438
初始态度情绪	1	10	5.865	1.938	439
总体评价	1	5	3.65	0.757	441

（二）阶层回归模型

本文的因变量是对陆生的整体评价，为五分量表，为连续变量，因此采用了线性回归模型，采用普通最小二乘法，结果如表 3。4 个模型分别的 R 平方和变化的 R 平方都达到统计上显著水平，说明整体模型均具有良好解释力。本文提出的两大类自变量中的部分因素对因变量达到统计上显著水准，部分假设得到了经验数据的支持。

1. 控制变量：世代差异、区域差异与公私高校差异

表 3 中模型 1 的控制变量结果显示：性别方面无显著差异，与年龄呈现出正相关关系，符合台湾民众政治态度"世代差异"判断，也可能与群际接触的时间效应有关。就学校所在区域而言，在模型 1、2、3 中，相较于北部高校，其他区域高校的台湾青年对陆生的好感度偏低，这与岛内蓝绿政治版图一致，说明政治操弄已经成为影响台湾民众对陆生态度的重要因素。有意思的是，台湾私立高校的学生对陆生的好感度在 4 个模型中普遍显著高于公

立高校学生。这可能与私立高校的学校氛围有关。台湾方面开放陆生入台就读很大一部分原因是为了解决岛内"少子化"冲击，陆生是私立高校重要的生源与财源，相较于公立高校，私立高校校方及教师可能会有塑造对陆生友好之学习环境的动机。公立高校陆生人数较少，为陆生营造友善的学校氛围的动力相应较小。此外，居住区域、专业及赴陆经验没有对群体认知态度产生显著影响。

2. 群体偏见效应：既有偏见的负向效应与初始印象情绪的中介作用

模型2、3、4均显示，初始印象情绪对群体态度有负向效应，且在3个模型都达到统计上显著水平，具有稳健性。由于初始印象情绪的最小值1为态度最正面，最大值10为态度最负面，因此回归系数显著为负值，表示初始印象情绪值越大，对陆生态度值越小，初始印象态度情绪值越小，对陆生群体态度值越大。这验证了假设1.2，即台湾青年对陆生初始印象情绪越正面（情绪值越小），对陆生态度越正面（态度值越大）。而政治社会化变量中的统"独"倾向在模型中并没有对群体态度产生影响，假设1.1没有得到实证上的支撑。

不过，统计结果进一步显示，统"独"倾向与初始印象情绪变量之间Pearson相关系数为 −0.269（$p<0.01$），说明台湾青年越支持统一，对陆生初始印象情绪越正面。根据 Baron 与 Kenny 的观点，以层级回归分析验证中介效果时，中介效果的成立必须符合三项条件：首先，中介变量分别与因变量存在显著关系；其次，自变量与中介变量存在显著关系；最后，置入中介变量后，自变量与因变量的关系应转弱或不显著。[①] 表3的结果显示，初始印象情绪对群体态度有显著负面影响，而统"独"倾向与初始印象情绪有显著负向关系，说明政治社会化形塑而成的统"独"倾向对台湾青年对陆生群体态度并不产生直接效应，而是通过初始印象情绪变量的中介效应机制产生影响，产生效应为（以模型4为例）：$−0.269 × −0.255 = 0.069$。

---

① R. M.Baron & D. A. Kenny. "The Moderator-Mediator Variable Distinction in Social Psychological Research : Conceptual, Strategic, and Statistical Considerations", *Journal of Personality and Social Psychology*, 1986, 51(6):1173-1182.

表 3　台湾青年对陆生群际认知态度的因果解释模型

自变量	模型 1	模型 2	模型 3	模型 4
控制变量				
性别（男 =0）	.022	.082	.071	.151
年龄	.166***	.169***	.159***	.212***
学校性质（公立 =0）	.338***	.210**	.208**	.048**
学校区域（北部 =0）	−.086**	−.055*	−.051*	.015
居住区域（北部 =0）	.041	.028	.017	−.014
专业（社会科学 =0）	−.011	−.011	−.013	.015*
赴大陆经验（是 =0）	−.014	.00002	.004	.151
群体偏见效应				
初始印象情绪	—	−.186***	−.175***	−.255***
"统独"倾向		.048	.039	−.425
群际接触效应				
接触时间	—	—	−.226*	−.308*
接触频次	—	—	−.041	−.229
接触时间平方	—	—	.051*	.043*
群际接触效应				
接触频次平方	—	—	.014	.009
接触时间 × 初始印象情绪	—	—	—	−.002
接触时间 × "统独"倾向	—	—	——	.084**
接触频次 × 初始印象情绪	—	—	—	.022
接触频次 × "统独"倾向	—	—	—	.080
Adjust R 平方	0.052***	.292***	.305***	.313***
变化 R 平方	.068***	.239***	.021**	.014*

说明：***$p<0.01$；** $p<0.05$；* $p<0.1$；$N=441$

3. 群际接触的时间效应：U 型曲线

如表 3 所示，在群际接触效应方面，接触频率效应并没有达到统计上显著水准，反而是时间效应在模型中具有非常稳健的解释力（模型 3、4 中都达到统计上显著水准），呈现出很有意思的结果。第一，直接效应与二次项都达到统计显著水准，接触时间对群体态度效应呈现 U 型关系。如模型 3 与模型 4 中，接触时间直接效应均为负数，且达到显著水准；二次项为正数，且显著，因此接触时间与群体态度关系的方程式为：

$$Y_{认知态度} = a_o + \beta_1 X^2_{接触时间} + \beta_2 X_{接触时间} + \sum \beta X_{其他变量} + \varepsilon（2）$$

其中，$\beta_1 > 0$，$\beta_2 . < 0$

模型 3 与模型 4 中 $\beta_1 > 0$，说明接触时间与群际态度存在非线性的 U 型曲线关系。根据本文作者在台学习和生活的经验估计，当这里的接触时间 $0 < t < 3$ 年时，台湾青年刚刚开始接触陆生，群体偏见效应主导群际态度，这时群际焦虑或群际接触的负面效应发挥主要作用，接触时间越长，对陆生越反感。其原因在于台湾政治社会化的结果以及群际接触最佳条件的缺失。如前所述群际接触发挥正面效应需要四个条件：平等地位、共同目标、群际合作、制度支持，而民进党每一次上台执政，均在政治、经济、社会与教育文化领域推行"去中国化"政策，使两岸青年的群际接触缺乏制度支持，[①]涉及陆生群体的制度因素并不友善。特别是"太阳花学运"以来，特定社会思潮下台湾青年对陆生好感度急剧下降。2016 年 5 月蔡英文上台以来，制度支持的条件进一步缺失。民进党当局在陆生奖学金与陆生健保等涉及陆生的制度设计方面持续为难陆生，缺少制度支持背景的两岸青年接触难以带来积极的群体认知态度，更有可能加剧群际焦虑。由于群际焦虑的存在，台湾青年与陆生间更多的接触很可能导致更多的质疑和冲突，进一步引发群际之间的焦虑和恐惧，形成恶性循环，两岸青年群际关系有可能持续恶化。

当接触时间 $t > 3$ 年时，台湾青年学生与陆生接触时间超过了一定的阈值，群际接触正面效应开始发挥主导作用，也就是台湾青年与陆生接触时间越长，对陆生越有好感。尽管岛内整体环境对陆生并不友善，并不符合 Allport 所提出的群际接触最佳条件，但是随着接触时间延长，两岸青年相互了解进一步加深，台湾青年对陆生群体的刻板印象可能发生改变，毕竟两岸同文同种，两岸青年在社会文化上的共同点远远大于差异性。因此，在不满足最优条件的情况下发生的群际接触，依然具备促进群际关系的正面效应。亦即就长期

---

① 赵万宝、郑炳起、于飞：《"法理台独"的表现与本质》，《求实》2006 年第 3 期，第 45—46 页。

而言，即使制度与环境并不支持，群际接触与群际偏见之间存在高度负相关关系，两岸青年的隔阂仍然可以通过时间来化解。

4. 接触时间的调节效应

模型显示"接触时间 × 统'独'倾向"进行交互以后，系数为 0.084（$p<0.05$），说明接触时间对于统"独"倾向影响群际认知态度而言，具有显著的调节效应。如前所述，统"独"倾向通过初始印象情绪的中介效应对群际认知产生影响，台湾青年学生越支持统一，并且对陆生初始印象越好，则对陆生群际态度越好，而接触时间对统"独"倾向具有调节效果。根据笔者在台湾求学的亲身体会，乃是两岸青年共享的传统文化、语言习俗以及友好接触等，经过较长时间的酝酿会改变台湾青年对陆生的刻板印象，两岸青年的友谊也会萌发。可见，在复杂的两岸关系背景下，接触时间具有神奇的功效，足够长的接触时间（3 年以上）可以在一定程度上消除台湾政治势力、媒体营造与教育方式等政治社会化方式带来的认知偏见问题。

五、结论

总之，本研究揭示影响台湾青年学生对于陆生群体态度的各种因素及其机制。本实证研究的定量分析显示，在控制人口统计学变量（性别、学历、区域、学校类型等）之后，有三个重要的机制影响着台湾青年对陆生的群体认知态度：

第一，在两岸关系背景下，台湾青年的偏见对其认知陆生的态度具有负向影响效应。由于台湾岛内长期以来对大陆的负面宣传与"去中国化"教育，台湾青年对陆生群体存在刻板印象，形成群体偏见。特别是 2016 年民进党上台以来，绿营政客不断操弄"反中""仇中"议题，使台湾青年很难对陆生群体有一个客观理性的认知。

第二，由台湾内部政治社会化形塑而成的统"独"倾向对台湾青年对陆生群体的认知态度并不产生直接的显著的影响，而是通过初始印象情绪的中介效应机制才产生影响。也就是说，台湾青年越支持两岸统一，而且他们对陆生的初始印象越好，那么对陆生群体的好感度才会越高。这符合两岸交流政策的预期。因此，我们应该继续坚持推进两岸教育交流，同时陆生入台时应注意自身的社会交往礼仪，遵守当地的公序良俗。

第三，群际接触中时间长短因素对群体态度具有呈 U 型曲线的调节效应。

当群际接触开始时，台湾青年接触陆生不久，群体偏见对群际认知态度起主导作用，群际焦虑或群际接触的负向效应发挥主要作用。随着接触时间的增加，对陆生的反感也增加。这是因为，台湾青年与陆生最初的接触沟通受到既有刻板印象和"同侪压力"的影响。但是，当接触时间超过一定的阈值（根据接触经验是 3 年左右），群际接触的正向效应开始发挥主导作用，也就是说台湾青年与陆生接触时间越长，对陆生的好感度越高。究其原因，乃是两岸青年共享的传统文化、语言习俗以及友好接触等，经过较长时间的酝酿会扭转台湾青年对陆生的刻板印象，两岸青年的友谊也会萌发。

　　总的来说，近十年来两岸青年大交流局面的形成，丰富了两岸关系和平发展的内涵，为两岸关系不断向前发展铺垫了新的社会基础。不过，受到两岸历史遗留问题和台湾政治因素的影响，青年交流中存在较为严重的刻板印象和认知障碍问题。本研究的贡献是发现了两岸教育交流中认知态度变化的非线性特征，指出足够长的交流时间（例如接触时间达到 3 年以上）才能扭转负面刻板印象，形成正面的交流效应。

　　随着祖国大陆的全面崛起与持续稳定发展，大陆青年一代会更有信心参与两岸交流，而台湾青年也会逐渐感受到两岸形势的变化，不断增加对大陆的积极认知。虽然今后的两岸青年交流仍不可避免地会受到各种复杂因素的困扰，但是时间是站在大陆这一边的，超过一定阈值的时间长度会改变台湾青年对大陆青年的刻板印象。并且，我们还可以推论，足够长的时间也会改变台湾青年对大陆社会发展的刻板印象，当然这需要开展进一步的实证研究来检验。大陆方面陆续出台的各种促进两岸融合发展的政策举措，在今后会发挥越来越大的作用，对台湾青年产生新的积极影响。因此，未来应进一步搭建有助于两岸青年学生长期接触互动与融合的平台，从长远角度看待两岸青年的交流交往，不断推进两岸融合发展，才能推进两岸关系和平发展，最终实现祖国和平统一。

两岸生产分工、贸易依赖与经济周期协动性 [①]

——基于动态随机一般均衡模型的模拟分析

王　华

（厦门大学台湾研究院）

摘要：本文采用一个标准的国际实际经济周期模型分析框架，考察两岸生产分工和贸易往来格局对于两岸经济周期协动性的传导机制。通过对相关参数进行赋值校准，本文模型可以复制两岸经济周期波动及其协动性的多数特征事实。基于该模型的冲击响应分析与实验分析表明，两岸经济结构仍然以异质性为主要特征，其他经济体才是台湾宏观经济波动的主要外部冲击来源；两岸技术冲击的相关性对于两岸经济周期协动性的形成发挥了至为关键的作用。不论在双向贸易，还是在双向投资方面，两岸经济关系都仅处于"浅层"相互依存状态，两岸经济周期协动性也以间接性、表象性为主要特征；即便如此，两岸在参与全球生产分工和市场开拓中实现合作共赢的格局已经初步形成。

关键词：两岸经济关系　经济周期协动性　动态随机一般均衡模型

引　言

自 20 世纪 90 年代起，台湾对外经贸交流的重心逐渐由欧美转向亚洲市场；基于经济发展禀赋条件的互补性与经济结构的差异性，海峡两岸经贸关

---

①　原文载于《数量经济技术经济研究》2017 年第 1 期，此为未删节版。

系得以逐渐深入发展，经贸交流强度不断提升。[①] 随着大陆日益成为台湾地区最重要的投资目的地和贸易顺差来源地，两岸经济形成相互依存状态（尤其是台湾对于大陆形成高度经济依赖）几乎已成两岸学界的"共识"。然而若考虑到经济体之间交互作用的系统复杂性，高强度的双向经贸交流充其量只能成为两岸经济相互依存的必要条件，并不必然会促成紧密的经济关联。在此方面，针对两岸经济周期协动性问题开展系统研究，则不失为一个更为有效的切入点。两岸之间经济周期协动性的有无，涉及两岸经贸交流的密切程度、产业整合的深入程度以及在全球价值链中所处地位的关联性等多方面因素，既是对两岸经济相互依存关系的综合表征，也可以作为推动两岸经济关系良性发展的制度设计的重要依据。

在全球经济一体化与区域经济一体化发展过程中，世界各国（地区）经济联系日益紧密，一国（地区）或世界性的经济冲击与经济波动得以通过各种国际经济交易渠道向其他国家（地区）传导，从而形成所谓的国际经济周期协动现象。国际经济周期协动性[②]已经成为宏观经济学和国际经济学领域的重要研究内容，Frankel 和 Rose（1998）甚至将跨国经济周期的协动性视为组成区域货币联盟的一项重要条件。而由国际经济交易渠道的多样性、参与经济交易的各国内部经济结构的差异性以及外生冲击的易变性所决定，国际经济周期的传导过程往往遵循较为复杂的模式。受此影响，目前关于国际经济周期协动性形成机制的理论研究仍然存在诸多分歧，尚未能提供一致性的解释。

国际贸易被认为是国际经济周期的主要传导途径（Sherman 和 Kolk，1996），大量的经验研究也表明国际贸易发展与国际经济周期协动性具有正向相关关系：一个国家的贸易开放度越高，它与主要贸易伙伴的经济周期同步性就会越强（Frankel 和 Rose，1998；Clark 和 van Wincoop，2001；Baxter 和 Kouparitsas，2005）。然而传统理论则倾向于认为世界贸易联系的增强会促成各个国家的专门化生产格局；当产业层面的供给冲击在各国经济波动的

---

① 按照台湾地区统计口径，近年来台湾对大陆出口额占其出口总额的比重已经接近30%，进口比重则超过15%；台商对大陆投资金额占其对外投资总额的比重一直在60%以上，最高时甚至超过80%。

② "协动性"对应于英文文献中的合成词汇 comovement 或 co-movement，类似用语还包括 synchronization（同步性）和 correlation（相关性）；不同词汇的语义及其经济学理论意涵有所差异，但在本领域研究中所承担的理论角色则基本相同。

冲击来源中占据主要地位时，基于各国之间产业结构的异质性，针对某国特定产业的冲击就会造成国际经济周期协动性的下降，各国的经济周期因而更具独立性（Krugman，1993）。针对上述分歧，更多研究关注于国际贸易的不同类型，如 Kose 和 Yi（2001）、Ambler、Cardia 和 Zimmermann（2002）以及 Fidrmuc（2004）认为，与整体双边国际贸易相比，产业内贸易才是导致国际经济周期协动性的关键因素；与产业内贸易相关联的贸易两国在生产结构方面的相似性，导致一国特定部门的供给冲击易于通过贸易渠道传导至另一国，或者两国相关部门同时遭受全球性冲击，从而产生两国经济周期波动的相关性。

作为国际经济周期的另一传导途径，国际金融联结对于国际经济周期协动性的影响效应同样具有不确定性。具体而言，以长期直接投资为主的国际资本流动，既可能促进投资母国与东道国之间依照比较优势的专门化分工，加剧二者生产结构的异质性，由此导致两国经济周期协动性的减弱（Kalemli-Ozcan、Sørensen 和 Yosha，2001）；也可能使跨国公司将在本国具有比较优势的部门在东道国进行复制，由此增强两国间生产结构的相似性（Imbs，2006；Garcia-Herrero 和 Ruiz，2008），从而提升两国经济周期的协动性。对于以短期资金流动为主的金融一体化进程，Heathcote 和 Perri（2002）以及 Mink、Jacobs 和 de Haan（2012）等表明，货币一体化水平和国际借贷发展程度等对于金融开放的两国之间经济周期的传导起着重要作用；进入国际金融市场意味着投资者可以持有多个国家的资产，此时对于一国金融系统的冲击就会影响到不同国家消费者的财富，并同时影响到各国的消费和产出，从而导致更高的经济周期相关性（Kollmann、Enders 和 Muller，2011）。但另一方面，Kalemli-Ozcan、Sørensen 和 Yosha（2001）认为金融一体化国家也可通过持有多样化的有价证券来分散和抵御源于特定国家的冲击，未必使相关国家经济周期波动的协动性增强。

不论经由何种传导途径，国际经济周期的协动特征还会受到两国间产业结构相似性的影响。Imbs（2004）、Lee 和 Azali（2010）、程惠芳和岑丽君（2010）等的研究表明，产业结构越相似，经济周期协动性就越高；Crosby（2003）则发现，与贸易联系相比，经济结构的相似性对于经济周期同步性更加具有正向影响。与上述研究相反，Clark 和 van Wincoop（2001）、Baxter 和 Koupiratsas（2005）以及 Cerqueira 和 Martins（2009）都发现，产业结构相似性与经济周期协动性的关系并不显著。究其原因，产业结构同质性（相似性）对于国际经济周期协动性的影响还与外生冲击的类型有关：如果（产业层面的）供给冲击占据主要地位，则产业结构的同质性就会在国际经济周期的传导过程中发挥重要作用；但如果以需求冲击为主，基于异质性产业结构所导致各国生产的互补性，就会使一国正向需求冲击同时增强对各国产品的需求，反而导致贸易各国之间经济周期波动的同步性。

　　鉴于以上理论分歧，本文所要研究的问题是：对于海峡两岸业已表现出的经济周期协动特征，其具体的传导途径和作用机制是怎样的？虽然理论研究普遍支持国际贸易和国际资本流动在国际经济周期协动过程中的传导作用，两岸贸易和台商对大陆直接投资（即前述两岸经贸交流的主要形式）因而为两岸经济周期协动性的形成奠定了必要基础，但理论逻辑的多向性又使得二者对于两岸经济周期协动性的传导效果不尽明确。考虑到两岸经济体在经济规模、经济结构、发展水平、要素禀赋、制度环境等各个方面无不存在明显差异，台湾产业向大陆地区的梯次转移又大多遵循生产成本导向（而非市场导向），与受资地的产业关联往往不强，由其引致的大规模两岸贸易并未改变台湾经济对于欧美市场的最终依赖格局，因此有理由怀疑，两岸之间高强度的经贸交流未必会导出两岸经济周期波动的高度协动性。

　　关于两岸经济相互依存性的测度，目前研究多以长期经济增长作为核心考察变量，其中最具方法论价值的文献包括：王直（1998）建立了一个反映世界生产和贸易的多地区、多部门的可计算一般均衡模型，据此研究两岸恢复直接贸易的经济影响；潘文卿和李子奈（2000，2001）基于大陆与台湾之间的宏观经济联结模型，模拟分析两岸贸易和台商投资变动对于两岸经济的影响；张光南、陈坤铭和杨书菲（2012）则利用全球贸易分析模型（GTAP），模拟分析 ECFA "早期收获"和"全面实施"两种降税安排对于海峡两岸暨香港地区的经贸影响。上述研究固然可以在一定程度上反映两岸经济借助双向经贸交流所产生的相互影响效应，但由于将两岸贸易和台商投资视为可控的外生变量，易于夸大二者在两岸经济交互系统中的重要性，导致在呈现系统动态时的严重偏差。而针对两岸经济周期协动性的研究，则有助于弥补以上缺陷，并切实反映两岸经济的互动作用机理。

　　对于国际经济周期协动性及其传导机制的经验研究方法，大体可分为两种类型：一类方法以 Frankel 和 Rose（1998）为代表，通过构造国际经济周期协动性对于双边贸易强度、投资强度等解释变量的回归方程，[①] 用以估计测算和比较各类因素与国际经济周期之间的相关关系。另一类方法则是遵照实际经济周期（RBC）理论的研究范式，基于动态随机一般均衡框架来构造国际实际经济周期模型，采用数值模拟方法来"复制"国际经济周期的动态传导过程，并从中识别关键的系统变量。与强调数据拟合的、基于"结构化"计量经济模型的回归分析方法相比，基于 RBC 模型的动态随机一般均衡分析方法，更加强调宏观经济分析的微观基础和动态机制，其在理论方面的结构化程度更强，更有助于清晰展示国际经济周期的形成机理。参照已有研究，本文也将基于动态随机一般均衡分析框架，系统考察两岸经济周期协动性的传导机制，并模拟研究两岸生产分工和贸易往来格局在其中的作用效果。

在 Kydland 和 Prescott（1982）、Long 和 Plosser（1983）所建构的封闭经济实际经济周期（RBC）模型的基础上，Dellas（1986）、Stockman 和 Svensson（1987）以及 Cantor 和 Mark（1988）发展出了开放环境下的所谓国际实际经济周期（IRBC）模型；而在模型的实际应用方面，奠基性的工作则主要来自 Mendoza（1991）以及 Backus、Kehoe 和 Kydland（1992，1994），其中前者构造了小型开放经济 RBC 模型，后者则将封闭经济 RBC 模型拓展为两国 RBC 模型，以贸易将两国模型予以联结，由此可以考察经济周期波动的跨国协动机制。Kose 和 Yi（2006）则进一步发展出了三国模型，将两国之外的其他经济体作为一个整体（第三国）纳入模型，由此既可以满足国际贸易的准确界定和当期平衡问题，[②] 也赋予了两国经济周期协动性以更为现实的全球经济背景。本文具体采用 Kose 和 Yi（2006）的模型框架，同时结合两岸经济体在全球经济中的不对称格局，依据已有经验研究成果对各自

---

　　① 此类回归方程的估计虽然以多个国家的面板数据作为研究样本，但需要利用纵向指标数据（主要是产出数据）来测算两个国家之间的经济周期协动性数值（即相关系数）；与此相适应，双边贸易强度和投资强度指标也取对应时间段的平均数值。因此，回归模型基本表现为以两个国家对作为基本数据单元的截面模型。Cerqueira 和 Martins（2009）则构造了同步化指数，将模型真正扩展到面板数据形态，从而可以更好地反映经济周期协动性的时变情况。

　　② 在两国 RBC 模型中，除两个国家之间的双边贸易外，并不考虑一国对其他国家的贸易，后者实际被视为该国的"国内贸易"加以处理，由此既模糊了不同国家间生产结构的差异性和技术冲击的独立性，也无法准确反映一国在国际贸易中的相对位置，使得在分析国际生产率、汇率、贸易条件等因素的外生冲击效应时产生偏差。

的模型参数分别进行赋值校准，以此反映各方经济体不尽相同的经济结构。[①]

本文其余部分安排如下：第一部分归纳和提炼两岸经济周期协动性的特征事实；第二部分在标准国际实际经济周期模型的基础上，设定三国（地区）多部门模型框架；第三部分根据已有计量经济研究结果，对模型参数加以基准赋值；第四部分对基准模型的预测结果进行评价；第五部分通过一系列数值模拟实验，考察模型参数赋值结果的变化对于模型动态（尤其是两岸经济周期协动性）所造成的影响；第六部分为研究结论。

一、两岸经济周期协动性的特征事实

对于经济波动特征事实的考察，是经济周期理论研究及其数理模型建构的逻辑起点和评判基准。本文关于两岸经济周期协动性的特征事实的考察，具体所涉及变量包括两岸经济体宏观层面的产出、消费、投资、就业、对外贸易，以及作为两岸之间经济冲击传导渠道的两岸贸易和台商对大陆直接投资。研究数据取 1978—2014 年的年度数据，[②]并采用 HP 滤波方法来拟合各经济变量序列中的长期趋势，[③]将其作为抵减项从原始数据序列中予以剔除，从而获得各变量序列的周期波动分量。在实际测算过程中，以产出作为核心变量，将各变量的波动性表示为各变量波动序列的波动率（标准差）与产出波动率之比，将经济周期波动的协动性表示为各变量波动序列与产出波动序列的同期相关系数、时差相关系数以及两岸之间相应变量的相关系数等，最终

---

　　① Kose 和 Yi（2006）以工业化国家为研究对象，其模型中的三个国家（特定的两个国家以及其他经济体）具有完全相同的经济结构，在对三国的各项模型参数进行校准时都赋予完全相同的数值，因此研究的重点在于理论结构而非具体国家间的特异性。与之不同，本文所讨论的两岸经济体在经济结构与要素禀赋等方面具有明显差异，同时二者在全球生产分工体系中又都处于低端位置，在沿用 Kose 和 Yi（2006）模型的同时，有必要根据实际情况对各方模型参数赋予不同的数值。研究结果也表明，即使是采用对称性的模型结构，不同的参数赋值也会有效生成各经济体之间（在经济周期跨境传导方面）的不对称格局。

　　② 相关统计数据主要取自国家统计局编制的《中国统计年鉴·2015》和台湾"行政院经济建设委员会"编制的 *Taiwan Statistical Data Book*（2015 年版）。为了消除价格变动和汇率调整对经济变量波动轨迹的影响，大陆统计数据采用以人民币计量的 1978 年不变价结果——其中除不变价 GDP 直接采用历年 GDP 指数和基期 GDP 进行推算外，居民消费采用居民消费价格指数、固定资本形成总额采用固定资产投资价格指数、净出口采用 GDP 缩减指数（以现价 GDP 除以不变价 GDP 得到）分别予以缩减调整；台湾统计数据则采用以新台币计量的 2011 年不变价结果。

　　③ 针对本文年度数据，根据 Kose 和 Riezman（2001）建议，对 HP 滤波算子中的平滑参数取值为 100。

归纳和提炼出有关两岸经济周期协动性的一系列特征事实。

首先测算两岸经济体各自经济周期波动的相关统计量，结果如表 1 所示。在 1978—2014 年间，大陆地区实际产出的波动率为 3.132%，并且有较强的黏持性（一阶自相关系数为 0.725）；消费的波动率与产出相当，且为顺周期指标（R 为 0.656）；投资的波动率较为剧烈（标准差比率达到 3.072），且相对于产出波动具有一定的领先性［$R(1)$ 为 0.732］；就业和净出口则表现出较弱的逆周期特性。与之相比，台湾地区的产出、消费和投资的波动率，产出的黏持性，以及消费和投资的顺周期协动性都小于大陆，就业表现出较强的顺周期特征，净出口的逆周期特征则较大陆明显。

表 1　两岸经济周期的波动特征

标准差		1978—2014					1978—1998		1999—2014	
		标准差比率	$R(-1)$	R	$R(1)$	标准差	R	标准差	R	
大陆地区	产出	3.132	1.000	0.725	1.000	0.725	3.625	1.000	2.371	1.000
	消费	3.334	1.064	0.497	0.656	0.510	4.133	0.788	1.974	0.395
	就业	0.531	0.170	−0.099	−0.166	−0.207	0.705	−0.123	0.111	−0.465
	投资	9.620	3.072	0.408	0.798	0.732	12.333	0.873	4.306	0.581
	净出口	1.639	—	−0.105	−0.147	−0.001	1.606	−0.524	1.724	0.522
台湾地区	产出	1.869	1.000	0.240	1.000	0.240	1.484	1.000	2.323	1.000
	消费	2.620	1.402	0.362	0.485	0.287	3.208	0.530	1.653	0.600
	就业	0.879	0.470	0.191	0.678	0.211	0.850	0.503	0.923	0.832
	投资	6.640	3.553	0.295	0.738	0.247	6.138	0.595	7.422	0.848
	净出口	2.990	—	−0.246	−0.307	−0.182	3.524	−0.345	2.207	−0.326

注：所有变量均为经 HP 滤波去势后的波动分量，而原始变量中除净出口采用净出口额占 GDP 的百分比形式外，其余均经过了对数化处理；标准差比率为各波动分量标准差与产出（GDP）波动分量标准差的比率，$R(-1)$、R 和 $R(1)$ 分别为各变量波动分量与滞后一期、同期和领先一期 GDP 波动分量的相关系数。

　　进一步，将整体研究区间分为 1978—1998 年和 1999—2014 年两段，以此直观呈现两岸经济周期波动的时变特征。之所以以 1998 年作为分段点，一方面是基于对两个分段区间样本量平衡的考虑，重点分隔 1997 年亚洲金融危机的影响；另一方面是基于对台湾地区 GDP 缩减指数序列的观察。[①] 由表 1 结果可知，在前后两个区间，大陆地区的产出、消费、就业和投资的波动性都有显著下降，表明宏观经济运行更加趋于平稳，只有净出口的波动性略有上升；而台湾地区的产出、就业、投资的波动性则有所上升，表明宏观经济运行更趋不平稳。在各经济变量波动分量的协动性方面，大陆地区消费和投资的顺周期性大为减弱，就业的逆周期性有所增强，净出口则由逆周期指标变为顺周期指标；台湾地区消费、就业和投资的顺周期性都有显著增强。两岸经济波动特征在跨时期的不同演变趋势，表明二者的经济结构与经济运行机理仍然存在巨大的差异。

　　围绕两岸之间经济周期波动的协动特征，测算结果如表 2 所示。在1978—2014 年间，两岸之间实际产出波动的相关系数仅为 0.317，而消费和投资的波动则都表现为负向相关，显示两岸经济一体化程度仍然不高；两岸之间（以及对于其他经济体的）净出口波动呈微弱的负相关，暗含二者在国际市场上存在竞争关系的可能性。针对 1978—1998 年和 1999—2014 年两个区间的结果又有所不同，其中两岸产出波动的相关系数由前一区间的 0.245上升到后一区间的 0.461，相关性呈增强趋势；而两岸消费和投资波动以及对其他经济体净出口波动的负向相关性都有所减弱，净出口波动甚至转变为微弱的正向相关，显示通过经贸往来所形成的两岸生产分工格局已经初步促成两岸经济的相互关联，二者在国际市场的竞争格局也逐渐向合作格局转化。

表 2　两岸经济周期的协动特征

	1978—2014	1978—1998	1999—2014	—	1978—2014	1978—1998	1999—2014
产出 (Y)	0.317	0.245	0.461	*TMNX/ TONX*	−0.056	−0.293	0.356

---

①　以 1998 年为界，台湾经济在此前一直表现为通货膨胀，此后则转为持续的通货紧缩，表明在该时点可能发生了关键性的结构突变。

续表

	1978—2014	1978—1998	1999—2014	—	1978—2014	1978—1998	1999—2014
消费 (C)	−0.625	−0.720	−0.118	TMNX/MONX	0.060	−0.156	0.267
就业 (L)	0.172	0.271	−0.292	TMNX/TY	0.279	0.265	0.280
投资 (I)	−0.331	−0.450	−0.187	MONX/TY	0.333	0.178	0.461
净出口 (NX)	−0.233	−0.426	0.131	TMI/TMNX	0.463	0.426	0.584
其他净出口	−0.262	−0.369	−0.070	TMI/TI	−0.061	0.216	−0.260
—	—	—	—	TMI/MI	0.445	0.492	0.301
—	—	—	—	TMI/MY	0.298	0.400	0.094

注：表中左半部分数值为两岸相应变量的波动分量之间的同期相关系数，其中其他净出口是指除两岸双向贸易之外，两岸经济体对于其他经济体的净出口额占各自 GDP 的百分比，简记为 MONX 和 TONX；右半部分数值为所列出的两变量波动分量之间的同期相关系数，其中 TMNX 和 TMI 分别表示台湾对大陆净出口（占台湾 GDP 比重）和台商对大陆直接投资，TY 和 MY 分别表示两岸经济体的产出，TI 和 MI 分别表示两岸经济体的投资。

　　既然两岸经贸交流是两岸经济周期协动性得以产生的必要渠道，对于两岸经贸交流变量与宏观经济变量之间相关关系的考察，也可望为刻画两岸经济周期协动特征提供重要信息。表2结果表明，台湾对大陆净出口与两岸各自对其他地区净出口之间的相关关系，都已由 1978—1998 年间的低度负相关转变为 1999—2014 年间的低度正相关，台湾产出波动与台湾对大陆净出口和大陆对其他地区净出口波动都保持中低程度的正向相关，显示台湾对外贸易呈现"台湾—世界市场"直接贸易与"台湾—大陆—世界市场"间接贸易并重格局，大陆已成为台湾对外贸易的重要中间环节。另一方面，对于台商对大陆直接投资波动而言，其与台湾对大陆净出口和大陆地区投资波动都呈中度正相关，与台湾岛内投资波动开始表现出负向相关，与大陆产出波动之间由中度正相关转变为基本不相关，显示台商投资的贸易引致效果以及对于大陆投资的促进作用，但大陆产出对于台商投资的依赖性已经逐渐消失。

为了更好地判断两岸经济周期协动性的动态机制，本文进一步借助Granger 因果关系检验呈现两岸各宏观经济变量之间波动传导的方向性与时滞特征。基于 6 变量 VAR 系统的检验结果如表 3 所示，其中台湾地区的产出波动和对其他地区净出口波动对于大陆地区的产出波动具有单向的 Granger 因果关系，台湾对大陆净出口和台商对大陆直接投资波动与大陆产出波动之间具有双向 Granger 因果关系，而台湾产出波动的 Granger 原因仅有台湾对其他地区净出口一项。由此判断，台湾地区的产出波动会领先于大陆，而非相反；其原因可能在于两岸经济体通过密切的产业分工与合作，已经共同参与到全球价值链体系当中，而台湾由于经济规模较小且经济开放度较高，在面临全球经济景气冲击时会表现得更为敏感。

表 3　两岸产出与经贸变量的 Granger 因果关系

	TY	TONX	TMNX	TMI	MY	MONX
TY	—	1.123	4.669	1.811	13.304	0.209
TONX	4.635	—	1.708	1.897	6.565	1.230
TMNX	0.673	0.362	—	0.235	7.963	0.866
TMI	1.935	0.934	0.629	—	9.005	0.993
MY	2.443	0.144	10.192	5.310	—	0.133
MONX	0.189	0.010	1.095	2.105	3.213	—

注：表中数值为基于 VAR(2) 的 Wald 检验统计值，其原假设为行变量不是列变量的 Granger 原因；上标 ***、** 和 * 分别表示在 1%、5% 和 10% 显著性水平下可拒绝原假设。

综合上述结果可知，虽然两岸之间的经贸交流强度日益提高，不论是对外贸易还是对外投资，台湾地区对于大陆都表现出越来越高的空间集中度，但两岸经济周期协动性目前仅达到中等偏低水平，两岸经贸变量在传导两岸之间的经济波动冲击中并未发挥预期的显著作用。这证明了本文最初的猜想，即单纯从两岸经济交互作用系统的输入层面（主要因素是两岸贸易和台商投资）不足以准确反映两岸经济的相互依存程度，两岸经贸交流强度与两岸经济周期协动性之间存在明显的水平偏差；同时，这也为本文理论模型的建构提供了一项重要启示，即在考察两岸经济周期波动的传导机制时，必须将两岸经济交互系统置于全球经济一体化的背景中，采用多方框架展开分析。

二、模型设定

考虑以 Kose 和 Yi（2006）模型为基础，建构一个包含大陆、台湾以及其他经济体的三方 RBC 模型（可简称为两岸 RBC 模型），各方经济体都由大量同质的家庭和厂商构成：其中代表性家庭具有无限期寿命，通过对各期消费和劳动投入的决策，以使其整个生命期间的加总贴现效用最大化；厂商包括可贸易的中间产品生产部门与不可贸易的最终产品生产部门，中间部门租用资本、雇佣劳动以使各期的利润最大化，最终部门则将国内（本地）产品和进口产出进行组合以使国内（本地）吸收（消费加投资）最大化；各方经济体的贸易余额通过彼此之间的资本流动予以平衡；外生冲击则来自各方技术进步率的随机冲击。[①]

1. 代表性家庭的偏好

代表性家庭的效用函数服从常相对风险规避（CRRA）形态

$$U_i = E_0 \sum_{t=0}^{\infty} \beta_i^t \frac{[c_{it}^{\mu_i}(1-n_{it}^{(s)})^{1-\mu_i}]^{1-\gamma_i}}{1-\gamma_i}, \quad i=1,2,3; \ 0<\beta_i<1, \ 0<\mu_i<1, \ 0<\gamma_i \quad （1）$$

其中c_{it}表示第 i 方经济体中代表性家庭在第 t 期的消费，$n_{it}^{(s)}$表示其劳动供给量；β_i是其主观贴现率，μ_i是其当期效用中的消费份额，γ_i为相对风险规避系数，$1/\gamma_i$则表示效用的跨期替代弹性（当$\gamma_i=1$时，CRRA 型效用函数即退化为对数型效用函数）；家庭的时间禀赋被标准化为 1。代表性家庭基于其预

---

① 根据相关经验研究结果［针对大陆地区的研究包括刘斌和张怀清（2002）、Zhang 和 Wan（2005）、龚敏和李文溥（2007）、徐高（2008）、赵留彦（2008）以及吕光明（2009）等，针对台湾地区的研究包括 Huang（2008）、陈鹏（2010）以及王华（2012）等］，可以认为两岸经济周期波动的冲击来源都主要在于总供给方面。因此在本文所建构的两岸 RBC 模型中，仅将供给层面的技术冲击作为两岸经济周期协动性的动力来源，暂时不讨论凯恩斯主义经济学所强调的需求方管理（包括财政政策和货币政策的冲击）问题。

算约束[①]追求跨期加总贴现效用的最大化。

2. 生产技术

每个经济体都拥有可贸易的中间产品生产部门与不可贸易的最终产品生产部门，并且各方都专门化生产一种中间产品。

（1）中间部门的生产函数

完全竞争性中间厂商的生产函数服从 Cobb–Douglas 形态

$$y_{it} = z_{it} k_{it}^{\theta_i} n_{it}^{(d)\,1-\theta_i}, \quad i = 1, 2, 3;\ 0 < \theta_i < 1 \tag{2}$$

其中y_{it}表示第i方经济体中间部门在第t期的产量；z_{it}表示技术冲击，k_{it}为该部门的资本投入量，$n_{it}^{(d)}$为劳动投入（需求）量；θ_i为产出的资本份额。该部门厂商租用资本、雇佣劳动以使各期的利润最大化。

对于各方经济体的技术向量$\mathbf{z}_t = (z_{1t}, z_{2t}, z_{3t})'$，假定其服从一阶向量自回归过程，有

$$\ln \mathbf{z}_t = \mathbf{A} \ln \mathbf{z}_{t-1} + \mathbf{\varepsilon}_t \tag{3}$$

其中外生冲击向量$\mathbf{\varepsilon}_t = (\varepsilon_{1t}, \varepsilon_{2t}, \varepsilon_{3t})'$服从 3 维正态分布，即$\mathbf{\varepsilon}_t \sim N_3(\mathbf{0}, \mathbf{V}_\varepsilon)$；而系数矩阵 A 和外生冲击的方差—协方差矩阵$\mathbf{V}_\varepsilon$中的非对角线元素，则刻画了各方经济体之间技术冲击的跨境相关模式。

假定劳动力不能跨境流动，因此有劳动市场的出清条件为

$$n_{it}^{(d)} = n_{it}^{(s)}, \quad i = 1, 2, 3 \tag{4}$$

（2）国（地）际贸易及其贸易成本

各方中间产品都可分为三部分，即作为中间投入用于本地最终部门的生产，或出口至其他两个经济体，从而有各期的市场出清条件为

$$\pi_i y_{it} = \pi_1 y_{i1t} + \pi_2 y_{i2t} + \pi_3 y_{i3t}, \quad i = 1, 2, 3 \tag{5}$$

[①]　在完全资本市场环境下，由于可以通过国际借贷来弥补贸易失衡，代表性家庭并不存在严格意义上的预算约束，真正具有约束性质的要素只有各期的时间禀赋以及初始时点的资本存量（后者对于两岸 RBC 的系统动态无实质影响）。如后文所述，本文的两岸 RBC 模型可以转换为中央计划者问题（social planner's problem）加以求解，由此该预算约束将隐含其中，不需要加以显性表达。Heathcote 和 Perri（2002）为对比研究不同的国际借贷条件对于国际经济周期的影响，给出了一个在国际资本市场中存在多种可交易债券条件下代表性家庭预算约束的显性表达式，有兴趣的读者可参照之。

其中 π_i 是第 i 方经济体的家庭数量（或人口数），决定了该经济体的规模；$y_{ijt}(i,j=1,2,3)$ 表示由第 i 方经济体生产且运往第 j 方经济体的中间产品数量。

国（地）际贸易中存在贸易成本（如关税、非关税壁垒以及运输成本等），并将之设定为二次冰山型成本形式，即国（地）际贸易货物在运输途中有一部分会被损耗，且当贸易量变大时，损耗比重也会相应变大。从而有各方经济体的进口为

$$m_{ijt} = (1 - g_{ij}y_{ijt})y_{ijt}, \quad i,j=1,2,3 \tag{6}$$

也即当第 i 方生产且运往第 j 方的中间产品数量为 y_{ijt} 时，其中有 $g_{ij}y_{ijt}^2$ 会在运输途中被损耗掉；可认为国内（本地）贸易无交易成本，因此有 $g_{ii}=0$ 以及 $m_{iit} = y_{iit}(i=1,2,3)$。

假设存在国（地）际贸易的运输企业，在各期既定离岸价格 p_{it} 和到岸价格 p_{ijt} 下（设有 $p_{iit}=p_{it}$），决定运输的货物量以使其利润（也即贸易成本）最大化，即

$$\max \ tc_{ijt} = p_{ijt}m_{ijt} - p_{it}y_{ijt}, \quad i,j=1,2,3; \ i \neq j \tag{7}$$

（3）最终部门的生产函数

各方最终部门厂商利用本地生产和由其他经济体进口的中间产品，基于 Armington 总量函数（Armington，1969）组合生产出最终产品，即有

$$f_{it} = (\omega_{1i}m_{1it}^{-\rho_i} + \omega_{2i}m_{2it}^{-\rho_i} + \omega_{3i}m_{3it}^{-\rho_i})^{-1/\rho_i}, \quad i=1,2,3; \ \omega_{1i}, \omega_{2i}, \omega_{3i} \geq 0, \ \rho_i \geq -1 \tag{8}$$

其中 f_{it} 为第 i 方最终部门在第 t 期的最终产品产量；$1/(1+\rho_i)$ 表示第 i 方经济体自各经济体（包括本地）进口中间产品之间的替代弹性，当 $\rho_i=-1$ 时各方中间产品之间是可完全相互替代的；权重系数 $\omega_{ji}(i,j=1,2,3)$ 根据稳定状态下的如下标准加以确定

$$\sum_{j=1}^{3}p_{ji}m_{ji} = q_i\left(\sum_{j=1}^{3}\omega_{ji}m_{ji}^{-\rho_i}\right)^{-1/\rho_i}, \quad i=1,2,3 \tag{9}$$

其中 q_i 表示在稳定状态下第 i 方经济体中最终产品的价格。

最终部门通过对本地贸易或进口贸易的配比以使 Armington 组合收益最

大化，即

$$\max \quad R_{it} = q_{it} \left(\sum\nolimits_{j=1}^{3} \omega_{ji} m_{jit}^{-\rho_i} \right)^{-1/\rho_i} - \sum\nolimits_{j=1}^{3} p_{jit} m_{jit}, \quad i=1,2,3 \quad （10）$$

一国的净出口率则可以定义为

$$nx_{it} = \frac{1}{p_{it} y_{it}} \left(\sum_{j=1, j\neq i}^{3} \frac{\pi_j}{\pi_i} p_{it} y_{ijt} - \sum_{j=1, j\neq i}^{3} p_{jit} m_{jit} \right), \quad i=1,2,3 \quad （11）$$

（4）最终产品市场的出清

各方最终部门厂商生产的最终产品用于居民消费或固定资产投资，即有

$$f_{it} = c_{it} + x_{it}, \quad i=1,2,3 \quad （12）$$

其中 x_{it} 表示第 i 方在第 t 期的投资。同时各方资本以标准方式进行积累，即

$$k_{i,t+1} = (1-\delta_i) k_{it} + x_{it}, \quad i=1,2,3 \quad （13）$$

其中 δ_i 为资本折旧率。

3. 模型均衡及求解

对于上述两岸 RBC 模型的均衡可定义为：使模型中代表性家庭和厂商的最大化问题的一阶条件以及市场出清条件都得以满足的一系列产品和要素的价格与数量（即各期达到一般均衡的 c_i、n_i、k_i、y_{ij} 的序列），即构成模型的均衡。

由于不存在解析解，可以利用标准线性化方法来求解两岸 RBC 模型。在完全市场结构下，将模型转换为等价的中央计划者问题（social planner's problem），结合该动态规划的横截条件，即可求解其动态均衡路径。

三、参数校准

上述模型为分析两岸经济周期协动性的传导机制提供了显性框架：就贸易传导途径而言，当一方经济体遭受正向技术冲击时，其生产率提高、产品相对价格下降，在国际市场上的竞争力有所提升，出口得以增加；由于价格变动的替代效应，本地最终部门的生产倾向于投入更多由本地生产的中间产品、更少地使用进口产品，进口由此减少；但中间产出增加所带来的收入效应又可能激发更多的进口需求；技术冲击对于本地对外贸易的综合影响则取决于上述替代效应与收入效应的对比状况，进而又与本地产品和进口产品之

间的替代弹性具有密切关系。就金融传导途径而言，正向技术冲击所促成的更高资本生产率，短期内会吸引逐利的境外资本流入，对于本地投资产生正向影响；但贸易顺差又会造成本地用于投资的实物量减少，促使盈余资本（储蓄）流向国际资本市场寻求投资机会，从而在长期造成对本地投资的挤出效果。[①]由此可见，国际（两岸）贸易和资本流动对两岸经济周期协动性的最终传导效应，在很大程度上取决于三方经济体的结构特异性；而这种特异性又需要借助针对模型参数的校准过程加以准确刻画，其中具体涉及大陆、台湾和其他经济体三方的代表性家庭的效用函数、中间部门的生产函数、国（地）际贸易成本以及最终部门的生产函数。

1. 代表性家庭效用函数的参数校准

在效用函数式（1）中，需要赋值的参数包括三方经济体的主观贴现率β_i、消费份额μ_i和相对风险规避系数γ_i。

对于主观贴现率β，在 Backus、Kehoe 和 Kydland（1992）的季度数据模型中，对其赋值为 0.99，近似对应于季度利率 1%；而在 Kose 和 Yi（2006）的年度数据模型中，对β则取值 0.96，近似对应于年度利率 4%。在针对台湾地区的相关研究中，许振明和洪荣彦（2008）以岛内债券报酬率 0.01，推得β值为 0.99，但文中并未明确是否对应于年度数据或季度数据；在 Teo（2009）的季度数据模型中，对β赋值为 0.998，对应于年度名义利率 4.8%；[②]而在陈鹏（2011）年度数据模型中对β则取值 0.96。在针对大陆地区的相关研究中，黄赜琳（2008）基于年度通货膨胀率 6.62%，对β取值为 0.935；吕朝凤和黄梅波（2012）则赋值为 0.97。由于本文所建构的两岸 RBC 模型以年度数据作为对比基准，参照上述结果，最终对大陆、台湾和其他经济体的主观贴现率β分别赋值为 0.935、0.95 和 0.96。

对于消费份额μ，参照 Kose 和 Yi（2006），取值为 0.34，由此意味着代

---

① 需要注意的是，在两岸 RBC 模型中，各经济体之间的资本流动为隐含因素，不需显性表达。

② 基于主观贴现率β和名义利率r之间的关系$\beta = 1(1+r)$，在年度利率为 4.8%、季度利率为 1.2% 下，对应于季度数据的β取值为 0.988，因此判断 Teo（2009）中的 0.998 应为笔误。

表性家庭将 30% 的可支配时间用于劳动。

对于相对风险规避系数 γ，Backus、Kehoe 和 Kydland（1992）以及 Kose 和 Yi（2006）对其取值为 2；黄赜琳（2008）则认为中国居民消费的跨期替代弹性接近于 1，对 γ 取值在 0.7—1 之间较为合理，其研究中具体取值为 0.77；陈鹏（2011）则在针对台湾经济的封闭模型和开放模型中分别取值 0.77 和 1.001。参照上述结果，本文将大陆、台湾和其他经济体的 γ 值分别设定为 0.77、1.001 和 2。

2. 中间部门生产函数的参数校准

在中间部门的生产函数式（2）以及与之相关联的资本积累式（13）中，需要赋值的参数包括三方经济体的产出中的资本份额（或称资本的产出弹性）θ_i、资本折旧率 δ_i，以及式（3）中用于刻画技术冲击向量 $\mathbf{z}_t$ 随机生成过程的一阶自回归系数矩阵 A 和外生冲击向量 ε_t 的方差—协方差矩阵 $\mathbf{V}_\varepsilon$。

本文利用实际统计数据来估计两岸经济体的 C–D 型生产函数，最终得到大陆和台湾地区的产出资本份额 θ 分别约为 0.38 和 0.45。[①] 在针对大陆地区的相关研究文献中，关于产出资本份额的估计结果具有较大差异，针对包含资本和劳动两要素的 C–D 生产函数的回归估计结果则大都处于 0.5—0.7 之间，本研究的估计结果 0.38 为最低。究其原因，这一方面源于本研究对劳动投入数据进行了调整处理，[②] 在对 1991 年之前各年份的就业人数调高之后，该变量的取值区间变窄，导致在生产函数中产出—就业曲线变得更陡峭，就业份额变大，资本份额因而变小（假定规模报酬不变）；[③] 另一方面，这一结果的出现可能也具有其现实背景：如张军（2002）指出，改革开放以来，中国经济经历了资本的快速积累过程，不论是国有部门还是集体部门，都出现了过度工业化的现象，资本—劳动比率上升过快，技术选择道路出现偏差，资本

---

① 为节约篇幅计，本文省略了对生产函数估计过程中所涉及诸多技术环节的说明，如资本存量的估算、大陆劳动投入指标的调整以及具体回归方程的设定等，相关信息备索。

② 根据《中国统计年鉴》公布大陆地区就业人员数指标，在 1989 和 1990 年间统计数据中出现了不同寻常的跳跃式增长，增长率达到 17.03%，远远高于前后各年份中 0.9%—3.8% 的增长率。岳希明（2005）指出这是由于 1990 年后就业人数统计方法发生变化所导致的结果。为此，本文采用王小鲁（2000）对 1978—1991 年就业人口数的调整数据替代相应时期的官方数据（各年份数据都予以上调）。

③ 当采用原始就业数据进行估计时，资本份额的估计结果提升至 0.43。

形成并未促进动态效率的持续改善；由此推断，产出资本份额（也即资本的产出效率）的不断下降也是应有之义。

与上相反，本文关于台湾产出中资本份额的估计结果则高于已有研究。如陈鹏（2011）对于台湾的产出资本份额（资本的产出弹性）的估计结果为0.38，Teo（2009）则对参数θ取值为0.3。对于不同研究中的结果差异及其产生的原因，仍有待进一步深入考察。

关于两岸产出中资本份额的差异，可能导致另一项不可预料的结果：既然大陆地区的资本形成已经趋于过度，资本对于经济增长的贡献日益下降，产出中的资本份额甚至已经低于台湾地区，那么应该如何解释现实中台湾资本向大陆地区的大规模流入？虽然在两岸 RBC 模型中，可以通过设定台湾地区对于大陆地区的经常账户顺差，将台湾对大陆的资本账户逆差隐含其中，但对于资本份额参数赋值的反向差异是否会导致变量动态的异常，则是应予谨慎关注的问题。客观起见，在本文的基准模型中，将大陆和台湾的产出资本份额θ分别赋值为 0.38 和 0.45；而在进一步的数值实验中，将对θ进行相反格局的赋值（即令大陆取值高而台湾取值低），以分析系统动态相对于参数取值变化的敏感性。

关于其他经济体，参照 Backus、Kehoe 和 Kydland（1992）以及 Kose 和 Yi（2006），对产出中的资本份额θ赋值为 0.36。考虑到近 30 年来工业化国家的资本深化，在进一步的数值实验研究中，将降低其取值水平至 0.3。

对于资本折旧率δ，在针对工业化国家的研究中通常取季度折旧率为2.5%、年度折旧率为 10%，本文亦采用这一数值；而关于大陆地区和台湾地区的资本折旧率，对前者取值为 5%，对后者则参照陈鹏（2010）的处理方法取为 4% 和 10% 的中间值，即 7%。三方经济体资本折旧率的取值排序恰与各自的工业化程度呈正相关。

对于式（3）所示技术冲击向量的生成过程，利用 Solow 余值法估算三方经济体各自的技术进步率序列，据此拟合一阶向量自回归模型，[①] 由此得到对系数矩阵 A 和随机误差向量的方差—协方差矩阵$\mathbf{V}_e$的估计结果（具体列于表4）。从中可知，三方经济体技术冲击的跨期交叉影响并不大，台湾地区和其

---

① 其中令其他经济体具体对应于 OECD 成员国的总体，所需数据取自 OECD 数据库；系统向量中三项技术冲击元素的排列顺序依次为大陆、台湾、其他经济体。

他经济体的技术冲击对于大陆地区技术冲击的跨期影响系数分别仅为 0.0996 和 0.0364，大陆和其他经济体的技术冲击对于台湾地区技术冲击的跨期影响系数分别仅为 −0.0220 和 0.0380，在统计学意义上均不显著；同时随机误差项彼此之间的相关系数也较小，分别仅为 0.0963（大陆与台湾）、0.2717（大陆与其他）和 0.3136（台湾与其他）。表明三方经济体在生产结构方面具有较大差异性，技术外溢效应因而较弱。

3. 国（地）际贸易成本的参数校准

在中间产品的市场出清条件式（5）中，需要对三方经济体的相对规模 $\pi_i(i = 1, 2, 3)$ 进行设定；同时还要对三方经济体彼此之间的贸易成本率 $\zeta_{ij}(i, j = 1, 2, 3)$ 共 6 个参数进行设定。[①]

对于经济体相对规模 π，可以依据三方经济体的人口总量加以确定。根据世界银行数据库资料，2010 年全球、大陆和台湾地区人口数分别为 689459 万人、133830 万人和 2316 万人，由此得到大陆、台湾以及其他经济体的人口比重分别为 19.41%、0.34% 和 80.25%，并以此作为三方经济体相对规模 $\pi_i(i = 1, 2, 3)$ 的取值。

对于贸易成本率 ζ，Kose 和 Yi（2006）在其基准模型中将贸易成本率设为 15%，在实验研究中则设定了 0% 和 35% 两项极端值。考虑到在两岸"三通"和 ECFA 签署之前，两岸之间贸易往来存在诸多制度障碍，而台湾地区无法与其他国家（地区）签署自由贸易区协议，因而无法享有关税减免待遇，本文对于三方经济体之间贸易成本率的基准设定为：20%（大陆与台湾）、10%（大陆与其他）和 15%（台湾与其他）；其中假定贸易成本率仅与贸易对象有关，与贸易流向则无关。

4. 最终部门生产函数的参数校准

在最终部门的生产函数（Armington 总量）式（8）中，需要赋值的参数包括刻画进口产品之间替代弹性的参数 $\rho_i(i = 1, 2, 3)$ 和组合权数 $\omega_{ji}(i, j = 1, 2, 3)$。

对于进口产品之间的替代弹性，Backus、Kehoe 和 Kydland（1994）以及 Kose 和 Yi（2006）都赋值为 1.5，由此可以反推得到 ρ 的取值应为 −1/3。

---

① 定义贸易成本率为双边贸易成本占双边贸易额的比率，由其可确定式（6）中损耗参数 g 的取值。

本文同样将其他经济体中的进口产品替代弹性设定为 1.5，故有 $\rho_3 = -1/3$。对于大陆地区和台湾地区的参数 ρ 的取值，通过将非线性函数式（8）进行对数化，并在 $\rho = 0$ 处泰勒展开，取其 0 阶、1 阶和 2 阶项，从而近似转换为线性回归方程式；再实际利用大陆和台湾地区的最终消耗[①]、（最终消耗中的）本地产出和进口数据进行估计，得到二者关于 ρ 的结果分别为 -0.45 和 -0.97，对应于式（8）中进口产品间的替代弹性分别为 1.82 和 36.76。台湾地区的进口产品（与本地产品）之间已经表现为近乎完全可替代，这可能与其经济体的小型规模和高度开放特征密切相关。

对于 Armington 总量中的组合权数 $\omega_{ji}(i, j = 1, 2, 3)$，已有研究中并非直接设定其数值，而是通过对各国（地）进口份额的设定，间接决定 ω_{ji} 的取值（实际是将组合权数隐含其中，不需加以明确考虑）。Backus、Kehoe 和 Kydland（1994）在其基准模型中将进口份额设定为 15%，Kose 和 Yi（2006）则取其样本国家（地区）对之间的实际进口份额数值。在本研究中，基于实际统计数据进行测算，得到大陆地区最终消耗中自台湾地区的平均进口份额为 2.43%，自其他经济体的平均进口份额为 23.32%；台湾地区最终消耗中自大陆地区的平均进口份额为 5.68%，自其他经济体的平均进口份额为 49.71%；而其他经济体（实际为 OECD 国家总体）自大陆和台湾地区的平均进口份额则分别为 2.38% 和 0.35%。

综上讨论，本文对于两岸 RBC 模型中各参数的基准赋值结果全部列于表 4。

表 4　两岸 RBC 模型的基准参数赋值

经济体	偏好参数			生产参数		技术冲击系数 A			随机干扰项方差 $\mathbf{V}_\varepsilon$		
	β	μ	γ	β	β	1	2	3	1	2	3
1 大陆地区	0.935	0.34	0.77	0.38	0.05	0.7219	0.0996	0.0364	0.000483	0.000043	0.000065
2 台湾地区	0.95	0.34	1.001	0.45	0.07	-0.0220	0.7169	0.0380	0.000043	0.000418	0.000070
3 其他地区	0.96	0.34	2	0.36	0.10	-0.0456	-0.0765	0.9312	0.000065	0.000070	0.000119

---

① 　也称国内吸收（domestic absorption），由居民消费 C、政府消费 G 和投资 I 组成，是从总需求角度对一国（地区）经济总量的衡量；在国民核算体系中等于总产出 Y（即 GDP）减去出口 X，再加上进口 M。

经济体 （进口方）	替代弹性 $1/(1+\rho)$	贸易成本率 ζ			进口份额 φ			经济体相对规模 π
		1	2	3	1	2	3	
1 大陆地区	1.82	—	0.20	0.10		0.0243	0.2332	0.1941
2 台湾地区	36.76	0.20	—	0.15	0.0568		0.4971	0.0034
3 其他地区	1.50	0.10	0.15	—	0.0238	0.0035		0.8025

四、基准模型的预测结果

1. 与实际经济特征事实的比较

在参数校准的基础上，由式（3）随机生成技术冲击 $\mathbf{z}_t$ 的序列，以此驱动得到对基准两岸 RBC 模型所刻画动态系统的预测结果。为确保预测结果的稳定性，本研究中跨 37 年随机模拟 1000 次，并将所得序列（经 HP 滤波后）的二阶矩的样本平均值与实际经济的特征事实进行比较，以判断两岸 RBC 模型对于实际经济数据的匹配能力，结果如表 5 所示。

由表 5 可知，基准的两岸 RBC 模型可以复制两岸经济周期波动的多数特征事实。在各宏观经济变量的波动性方面，对于大陆地区，模型预测其产出的波动幅度（标准差）与实际经济非常接近，Kydland–Prescott 方差比率（简记为 K–P 比率）为 0.956，仅略低于 1；预测就业、投资和净出口的波动率高于实际经济，预测消费的波动率则低于实际经济。与之相比，对于台湾地区，模型预测的波动幅度与实际经济更为接近：其中对于产出和就业波动率的预测结果都略高于实际经济，对于投资和净出口波动率的预测结果略低于实际经济，只有对消费波动率给出了与大陆同样的较低预测结果。

表 5　模型经济与实际经济的比较

标准差		模型经济				实际经济				K–P比率
		标准差比率	与产出相关系数	与净出口相关系数	标准差	标准差比率	与产出相关系数	与净出口相关系数		
大陆地区	产出	2.993	1.000	1.000	−0.079	3.132	1.000	1.000	−0.147	0.956
	消费	1.079	0.360	0.759	−0.378	3.334	1.064	0.656	−0.383	0.324
	就业	1.508	0.504	0.747	0.373	0.531	0.170	−0.166	−0.074	2.840
	投资	22.797	7.617	0.521	0.166	9.620	3.072	0.798	−0.406	2.470
	净出口	5.963	—	−0.079	1.000	1.639	—	−0.147	1.000	3.638
台湾地区	产出	2.561	1.000	1.000	−0.632	1.869	1.000	1.000	−0.307	1.370
	消费	0.496	0.194	0.342	−0.380	2.620	1.402	0.485	−0.800	0.189
	就业	1.376	0.537	0.934	−0.531	0.879	0.470	0.678	0.064	1.565
	投资	5.605	2.189	0.907	−0.864	6.640	3.553	0.738	−0.783	0.844
	净出口	2.375	—	−0.632	1.000	2.990	—	−0.307	1.000	0.794

两岸之间相关系数	模型经济					实际经济				
	产出	消费	就业	投资	净出口	产出	消费	就业	投资	净出口
	0.209	0.654	0.026	0.683	−0.095	0.317	−0.625	0.172	−0.331	−0.233

　　在各宏观经济变量之间的协动性方面，对于大陆地区，模型预测其消费和投资波动与产出波动之间呈现中高程度的正向相关，产出和消费波动与净出口波动之间呈现低度负向相关，相关系数值与实际经济相应数值都较为接近，较好地复制了实际经济中消费和投资变量的顺周期特性以及贸易变量的逆周期特性，唯独夸大了就业与产出、净出口变量之间的波动相关性。对于台湾地区，模型经济也给出了普遍较好的拟合结果，除就业与净出口之间的相关性外，预测其他各变量之间波动相关性的方向与实际经济都保持一致；只是在相关程度（相关系数的绝对值）上，模型对于消费与产出、净出口之间相关性的预测结果略低于实际经济，对于投资与产出、净出口之间相关性的预测结果则略高于实际经济。

　　对于两岸之间相应变量的周期波动的协动性，模型预测两岸之间产出、净出口的相关系数与实际经济的结果保持一致；但未能复制出实际经济中消费、就业和投资变量的跨境相关性，其中预测两岸之间消费、投资变量的周期波动应为正向相关，且相关程度高于产出变量，与实际经济的表现相反。[①]

总体而言，基准两岸 RBC 模型在拟合两岸产出变量的周期波动特性方面表现良好，对于产出、净出口变量与其他宏观经济变量之间的波动相关性以及两变量的跨境相关性也给出了较好的预测结果。[②] 对于消费、就业和投资变量，模型的表现不如人意，这一方面与两岸 RBC 模型本身的结构有关，另一方面，用以测算实际经济特征事实的统计数据的准确性也值得存疑。[③] 上述结果中的一致或分歧，为针对两岸 RBC 模型的进一步修正指明了方向。[④] 但至少就与本文研究范畴直接相关的产出和净出口变量而言，基准两岸 RBC 模型的拟合效果尚佳，可基于此进行更为细致地冲击响应分析和实验分析。

---

① 这一现象即为经典国际 RBC 文献中普遍存在的"消费—产出异常"（consumption-output anomaly），表示由经典国际 RBC 模型得到的消费变量（波动）的跨国相关系数高于产出变量，而在实际经济中前者往往小于后者。通常认为，"消费—产出异常"的原因在于完全资本市场所提供的国际风险分担机制，夸大了金融资本的国际可流动性，高估了代表性家庭经由国际资本市场借贷从而平滑各期消费的能力；而与之相关的另一结果则是投资波动的跨国相关性也易于被夸大。

② 本文第一部分曾将整体研究区间分为 1978—1998 年和 1999—2014 年两段，以呈现两岸经济周期波动和跨境协动性的时变特征。对比表 5 中模型经济预测结果与表 1、表 2 中的分段特征事实可知，除了在 1999—2014 年间，大陆地区消费变量的波动率、台湾地区（除投资外）各变量的波动率都与模型预测结果更为接近以外，在其他大部分数据特征上，模型预测结果都未表现出明显的倾向性，显示第三部分的参数校准结果并不局限于某一分段时期，因此不再对其做专门分析。

③ 大陆地区官方统计数据中的质量问题由来已久。在劳动统计方面，除前文提及的因统计方法转换而导致就业人数统计口径的不一致之外，因就业与失业登记制度不规范、不健全，统计覆盖面较窄，隐性失业与隐性就业人口的广泛存在导致劳动统计的源头数据缺乏必要的准确性，难以反映宏观经济周期波动下就业人数的客观波动规律。在投资统计和贸易统计方面也存在类似问题。因超出本文的研究范畴，在此不做更多讨论。

④ 为解决"消费—产出异常"问题，一种自然的设想是改变两岸 RBC 模型关于完全资本市场的设定。Heathcote 和 Perri（2002）以及 Kose 和 Yi（2006）通过设定独立资本市场（financial autarky）环境，旨在消除国际资本市场的风险分担机制，但只获得非常有限的改善效果。本文基于独立资本市场假定的模型拟合结果与 Heathcote 和 Perri（2002）相当，两岸之间消费波动、投资波动的相关性同样也变得更高（故未在文中呈现）。Heathcote 和 Perri（2002）对此的解释是，独立资本市场结构导致国际贸易条件更易变动，最终反而强化了消费和投资的跨国相关性。Backus、Kehoe 和 Kydland（1992）则认为，"消费—产出异常"并非单纯只是完全资本市场下国际风险分担的结果，还需要从更多方面进行模型修正与理论拓展，如引入其他冲击来源、设置多部门的生产和贸易体系、考虑国际贸易品相对价格变动等。显然，对于本文两岸 RBC 模型的修正也要从多条路径同时着手，而本文则为此领域提供了一个必要的研究起点。

2. 外生技术冲击的动态响应分析

由于本文给出的两岸 RBC 模型完全以各经济体的技术冲击作为外生驱动力量，因此有必要对模型系统中各变量对于外生技术冲击的动态响应路径加以刻画，从中明确系统变量之间的协动机制。图 1 至图 4 具体给出了大陆地区和台湾地区的产出与净出口变量对于来自三方经济体的外生技术冲击的脉冲响应函数结果。

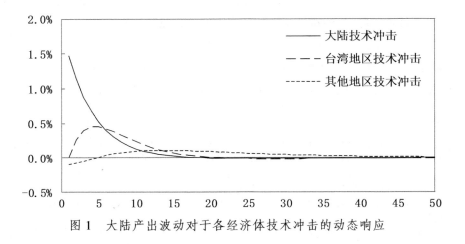

图 1　大陆产出波动对于各经济体技术冲击的动态响应

由图 1 可见，大陆地区的产出波动对于来自三方经济体的外生技术冲击基本都表现为正向响应。对于来自大陆地区内部的以 1% 计量的技术冲击，大陆产出在当期产生约 1.5 个百分点的同向波动，随后响应值逐渐缩减，至第 15 期后收敛为 0。在来自台湾地区和来自其他地区的技术冲击二者之间，大陆产出对于前者表现得更为敏感；后者对于大陆产出波动的影响相对较小，但在短期的负向影响之后，其正向影响却可延续更长时间。

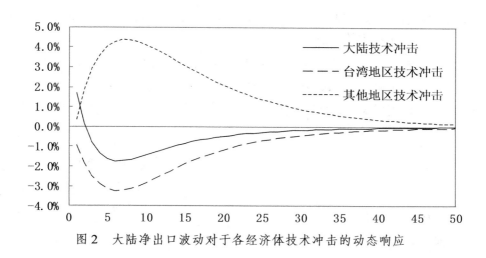

图2　大陆净出口波动对于各经济体技术冲击的动态响应

由图2可见，大陆地区的净出口波动对于三方经济体外生技术冲击的响应表现不尽相同。对于来自大陆地区内部的技术冲击，大陆净出口在短期表现为正向响应，长期则为负向响应，显示技术进步并不利于净出口的扩张。对于来自台湾地区的技术冲击，大陆净出口的响应路径与其自我响应路径相似，但响应值始终为负，响应幅度也更大；与之截然相反的是，对于来自其他经济体的技术冲击，大陆净出口则表现为长期而显著的正向响应。

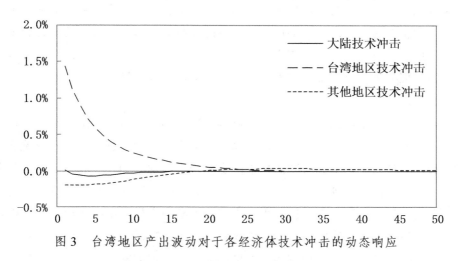

图3　台湾地区产出波动对于各经济体技术冲击的动态响应

由图3可见，台湾地区的产出波动对于三方经济体外生技术冲击的响应表现同样有异。对于来自台湾地区内部的技术冲击，台湾产出的正向响应路径与大陆产出的自我响应路程非常相似，只是趋向稳态收敛的速度稍慢。对于来自大陆地区和来自其他地区的技术冲击，台湾产出都表现为负向响应，但对于后者的响应幅度更为明显，响应绝对值超过前者的 3 倍以上；而响应收敛的速度则要快于其自我响应。

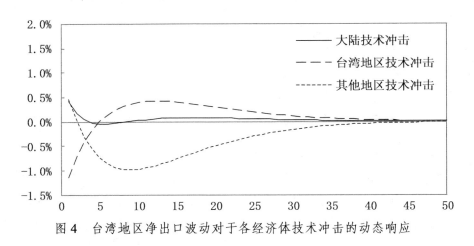

图 4　台湾地区净出口波动对于各经济体技术冲击的动态响应

由图 4 可见，台湾地区的净出口波动对于三方经济体外生技术冲击的响应表现为：对于来自台湾地区内部的技术冲击，台湾净出口在短期的负向响应之后，转为长期的正向响应，并逐渐趋于收敛；对于来自大陆地区和来自其他地区的技术冲击，台湾净出口在短期均表现为正向响应，之后的响应路径则出现分异，针对前者仅有微弱的正负响应波动，针对后者则产生长期且显著的负向响应。

综上结果可以发现：一方面，两岸之间的经济关系是非对称的，台湾地区的技术冲击对于大陆地区的产出和净出口分别产生中等程度的正向影响和较高程度的负向影响，而大陆的技术冲击对于台湾地区的产出和净出口则分别仅产生微弱的负向和正向影响。另一方面，两岸经济体与其他经济体之间的关系也截然不同，其他地区技术冲击对于大陆地区的产出和净出口都产生长期的（显著）正向影响，对于台湾地区的产出和净出口却都产生较低程度的负向影响，其中大陆产出的响应速度也显得相对更为滞缓。上述发现也在一定程度上印证了表 3 中针对两岸产出之间 Granger 因果关系的相关检验结果。

究其原因，近 30 年来的两岸经贸交流主要表现为台商对大陆直接投资以及由其所引致的两岸间非对称贸易，由此促成了两岸之间以垂直专业化分工为主的生产格局；而大陆台资企业又大多遵循加工出口经营导向，其终端市场多在欧美（也即本文中所谓的其他经济体），对于大陆内部市场的开拓力度反而不足；加之大陆向台湾的出口贸易一直面临严重壁垒，都在确保台湾技术冲击向大陆地区传导的同时，反向"屏蔽"了大陆技术冲击对于台湾地区的影响。同时，与全球其他主要经济体相比，作为"世界工厂"的大陆在经济结构方面存在较强的异质性（在贸易方面的互补性因而也较强），而已经步入后工业化时代的台湾地区其经济结构的同质性、进而贸易替代性（竞争性）则更强；当其他经济体面临正向技术冲击时，在提升其生产率和价格竞争力、促进出口（替代自台湾地区进口）的同时，也创造了对于自大陆地区进口产品的更大需求。而鉴于三方经济体的规模悬殊，在以代表性家庭为测算单位的变量响应动态中，台湾地区技术冲击的系统影响会更加凸显。

五、数值模拟与实验分析

在基准的两岸 RBC 模型之外，本节通过一系列数值实验，考察模型参数赋值结果的变化对于模型动态路径的稳定性所能造成的影响。与传统的敏感性分析（稳健性检验）相比，基于 DSGE 分析框架的实验研究可以发挥一项重要功能，即遵循反事实分析的方法逻辑，通过改变模型参数的取值，呈现由不同经济状态（模型结构）所决定的多个经济变量之间的协同变动特征——由于 DSGE 模型系统中不存在纯粹的外生变量，这种协同变动特征实际恰可反映系统变量之间的相互作用机制。本文实验研究的内容包括对两岸之间的贸易成本率、两岸经济体各自的进口产品替代弹性、生产函数中的资本份额以及两岸之间技术冲击的相关性等参数进行重新设定，分别反映两岸贸易往来的便利性、两岸生产结构的同质性、资本流动势能以及基于全球生产网络的技术外溢效应的变化，据此可以判断两岸经贸交流格局与两岸经济周期协动性之间的系统关联。相关实验分析的主要结果如表 6 和图 5 所示。

表 6　两岸 RBC 模型的实验分析

	实际经济	基准模型	贸易成本		进口替代弹性			资本份额	技术冲击相关性	
			低	高	大陆低	大陆高	台湾低		低	高
s.d.(MY)	3.132	2.993	3.044	3.004	2.778	3.275	3.015	2.690	2.919	3.045
s.d.(MNX)	1.639	5.963	6.898	5.866	9.410	9.686	5.985	2.807	5.446	6.602
cor(MY,MNX)	−0.147	−0.079	−0.201	−0.084	0.831	−0.545	−0.093	−0.037	0.156	−0.227
s.d.(TY)	1.869	2.561	2.593	2.561	2.566	2.568	2.123	2.712	2.565	2.592
s.d.(TNX)	2.990	2.375	3.966	2.254	2.624	2.269	2.463	2.421	2.675	2.042
cor(TY,TNX)	−0.307	−0.632	−0.673	−0.554	−0.547	−0.644	−0.886	−0.414	−0.250	−0.597
cor(MY,TY)	0.317	0.209	0.138	0.224	0.212	0.204	0.227	0.170	−0.016	0.551
cor(MNX,TNX)	−0.233	−0.095	0.490	−0.201	0.313	−0.118	0.222	−0.211	−0.036	−0.207
两岸贸易强度	1.85%	2.21%	2.66%	1.89%	2.21%	2.21%	2.21%	2.31%	2.21%	2.21%

注：s.d.(·) 和 cor(·,·) 分别表示各变量（之间）的标准差和相关系数，MNX 和 TNX 分别表示两岸经济体的净出口，两岸贸易强度为两岸贸易总额占两岸产出总和的比重（实际经济的 1.85% 为 2000 年以来的平均数值）。贸易成本实验中，低成本和高成本所对应的 ζ_{12} 分别为 0 和 40%；进口替代弹性实验中，大陆的低弹性和高弹性分别为 0.5 和 5，台湾地区的低弹性为 1；资本份额实验中，三方经济体的 θ 分别为 0.6、0.4 和 0.3；技术冲击相关性实验中，低相关性所对应的式 (3) 系数矩阵 A 中的元素 a_{12} 和 a_{21} 都为 0，外生冲击 ε_1 和 ε_2 的相关系数 cor($\varepsilon_1,\varepsilon_2$) 也为 0，高相关性所对应的 cor($\varepsilon_1,\varepsilon_2$) 为 0.5。

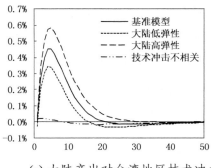

(a) 大陆产出对台湾地区技术冲击

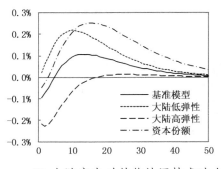

(b) 大陆产出对其他地区技术冲击

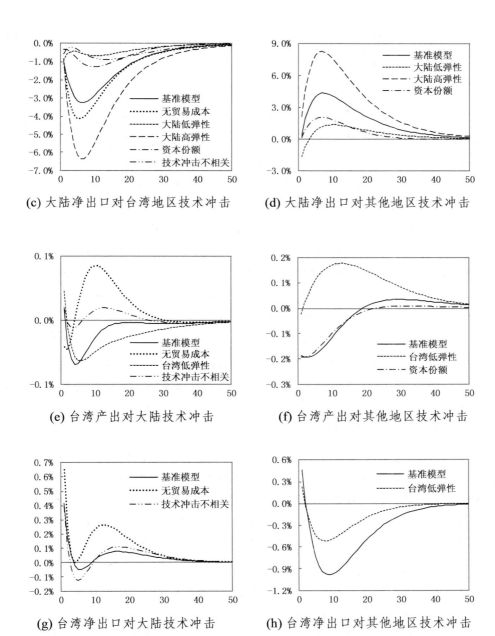

(c) 大陆净出口对台湾地区技术冲击　　(d) 大陆净出口对其他地区技术冲击

(e) 台湾产出对大陆技术冲击　　　　(f) 台湾产出对其他地区技术冲击

(g) 台湾净出口对大陆技术冲击　　　(h) 台湾净出口对其他地区技术冲击

图 5　不同参数取值下两岸产出和净出口波动的动态响应

注：图中仅绘出在各项实验中变动较为显著的响应路径。

1. 贸易成本变动对于系统动态的影响

在基准模型中，对两岸之间的贸易成本率 ζ_{12} 赋值为 20%，高于大陆和台湾分别与其他经济体之间的贸易成本率。本节则将两岸贸易成本率 ζ_{12} 赋值为 0 和 40%，即设定完全自由贸易和高度贸易摩擦两种贸易环境。在其他条件保持不变的情况下，贸易成本的变动必然会对贸易规模、进而贸易效应（即由贸易往来所促成的各种直接和间接效应）产生影响。

由表 6 的第 4、5 列结果可知，与基准模型相比，在自由贸易环境下的两岸贸易强度由 2.21% 上升为 2.66%，在高度贸易摩擦环境下两岸贸易强度则下降为 1.89%，显示贸易成本对于两岸贸易规模具有反向的影响效果。就各经济变量波动序列的波动性和协动性而言，在自由贸易环境下，两岸贸易的调整成本相对下降，导致两岸经济体的净出口波动性都有所提升，净出口与产出波动之间的负向相关程度都有所增强；随着贸易成本的降低，资本跨境流动（主要是台湾产业资本向大陆地区转移）的能力得以增强，而基于两岸之间的垂直分工格局，自由贸易更强化了两岸生产结构的异质性，导致产出波动的跨境相关性有所减弱；两岸净出口波动则表现为显著的正向相关，形成在全球市场的互利互补关系。而当两岸贸易成本率由 20% 上升为 40% 时，各经济变量间的波动相关性呈反向变化，但变化幅度相对较小。

就各经济变量对于外部技术冲击的动态响应而言，由图 5(c)、5(e) 和 5(g) 可知，两岸贸易成本率由 20% 降低为 0，两岸经济体得以进一步扩大相互开放程度，此时大陆地区产出和净出口对于来自外部技术冲击的动态响应路径并无明显变化（大陆净出口对于台湾技术冲击的负向响应略有增强），台湾地区产出和净出口对于大陆地区技术冲击则产生较强的正向响应，显示自由贸易环境下大陆经济冲击向台湾地区的传导渠道更趋通畅。由此也反证了，现实条件下大陆经济波动之所以对于台湾地区未表现出较大影响力，在很大程度上正是源于两岸之间始终存在的各种形式的贸易壁垒。

2. 进口贸易替代弹性变动对于系统动态的影响

在基准模型中，对大陆和台湾地区的进口产品的替代弹性分别赋值为 1.82 和 36.76，前者取值较为适中，后者取值则远高于 Backus、Kehoe 和 Kydland（1994）以及 Kose 和 Yi（2006）对于工业化国家所设定的替代弹性值 1.5，由此意味着台湾地区的进口产品（与本地产品）之间已经表现为近乎完全可替代。本节对大陆地区的进口产品替代弹性设定了 5 和 0.5 大小两个数值，对台湾地区则设定较小数值 1。

由表 6 的第 6—8 列结果可知，进口产品替代弹性的变化对于两岸贸易强度并无影响，对于两岸之间产出波动的跨境相关性也影响微弱，对于净出口变量的波动特征则会产生显著的影响效应。与基准模型中大陆地区的进口替代弹性 1.82 相比，当替代弹性降低为 0.5（从而内、外部生产结构的异质性增强）时，大陆地区的生产体系在全球生产网络中更加具有独特的比较优势，可贸易品部门在国民经济中占据更为重要的地位，净出口与产出之间因而表现为高度的正向协动性，两岸在全球市场也更多体现为合作而非竞争关系（两岸净出口波动呈正相关）。在另一方向上，当进口替代弹性提升为 5（从而内、外部生产结构的同质性增强）时，大陆参与全球生产的垂直分工模式逐渐转变为水平分工模式，此时净出口与产出之间以及两岸净出口波动之间的相关性都由正向转变为负向，显示两岸之间的竞争格局有所强化。对于台湾地区的低弹性设定（由基准模型中的 36.76 降低为 1），同样会提升两岸生产结构的互补性，导致两岸之间产出和净出口波动的相关性都有所增强。

就各经济变量对于外部技术冲击的动态响应而言，进口替代弹性变化的影响也较为明显。由图 5(a)—5(d) 可知，在低替代弹性设定下，大陆地区净出口的波动机制更趋独立，对于外部技术冲击的响应幅度显著下降；由于相对价格变动的替代效应减弱，大陆对台湾的贸易逆差有所缓解，但相应的台商直接投资动力也变得不足，台湾技术冲击对于大陆产出波动的正向影响因而有所下降；而大陆因其生产结构的异质化，与其他经济体的互补性增强，此时其他地区技术冲击对大陆的产出波动表现出持续且更为显著的正向影响。与之相似，由图 5(e)—5(h) 可知，在低替代弹性设定下，台湾地区净出口波动的响应幅度也有所下降，产出波动对于其他地区技术冲击的负向响应甚至转变为正向响应。

3. 资本份额变动对于系统动态的影响

在基准模型中，依照实际统计数据的计量模型估计结果，对两岸生产函数中的资本份额分别赋值为 0.38 和 0.45，这一结果显示大陆资本深化程度更高，在中间产品生产的要素投入组合中资本（相对于劳动）更为充盈、资本的产出弹性因而更低，但这与实际经济中关于两岸工业化程度、资本密集度对比状况的经验认知并不符合。虽然张军（2002）等的理论分析证实大陆经济存在过度工业化现象，但由于基础数据（包括劳动统计和资本估算）的准确性不易保证，不能排除本文估算结果中存在偏差的可能性。考虑已有文献中的估算结果，本节对两岸资本份额予以相反格局的赋值，将大陆地区的资本份额数值调高至 0.6，将台湾地区的资本份额数值调低为 0.4，以此与两岸之间资本流动的方向相匹配。

由表 6 的第 9 列结果可知，除大陆地区的净出口波动率有较大程度的下降（与实际经济数据更为接近）外，资本份额格局的变动对于两岸经济周期协动特征并无显著影响——实际上，两岸之间资本份额对比状况的变化对于投资变量（尤其是大陆地区投资）的波动特征产生了较大影响：大陆地区资本份额的调高，意味着更高的资本生产率和更强的投资需求，吸引台湾资本更多流向大陆，大陆投资对于台湾投资产生一定的替代效应，进而也导致两岸产出波动之间的正向相关性略有减弱，两岸净出口波动之间的负向相关性则有所增强。由图 5(b)—5(d) 也可见，与上一小节对大陆地区低进口替代弹性的设定结果类似，资本份额数值的调高在某种意义上也意味着大陆生产结构的特异性（但并不必然导向出口竞争优势的提升），因此导致大陆地区净出口对于外部技术冲击的响应幅度显著下降，大陆产出对于其他地区技术冲击的正向响应则有所增强。而与之形成对比的是，台湾地区产出和净出口变量的波动特征并无明显变化。

4. 技术冲击相关性变动对于系统动态的影响

在国际 RBC 模型中，国际经济周期协动性的产生既取决于国际贸易的传导机制，也与各国之间技术冲击的相关性有关。本文的基准模型中，基于一阶向量自回归模型来刻画三方经济体的技术冲击过程，不同经济体间技术冲击的相关性体现于 VAR(1) 模型的系数矩阵及其随机误差向量的方差—协方差矩阵的非对角线元素。为了独立考察技术冲击相关性对于两岸经济周期协动性的影响，在其他条件保持不变下，本节设定了两岸技术冲击的高度相关和不相关两种状态，前者是令 VAR(1) 模型中对应于两岸经济体的随机误差项的相关系数取值为 0.5，后者则是将两岸跨期影响系数和随机误差相关系数都设定为 0。

由表 6 的第 10、11 列结果可知，两岸之间技术冲击相关性的变化，对于两岸经济周期协动性造成了非常显著的影响。在独立技术冲击设定下，两岸之间产出波动的相关性基本消失，大陆净出口变量的顺周期性略有增强，台湾净出口变量的逆周期性则有所减弱。由图 5(a)、5(c)、5(e) 和 5(g) 也可见，两岸经济体的技术冲击对于对方经济周期波动的影响基本都消失于无。在高度相关性技术冲击设定下，情况则正好相反。

　　将上述四项实验研究的结果进行对比可以发现，在两岸贸易成本率、进口产品替代弹性以及资本份额等参数取值发生变动后，各方经济体外生技术冲击对于彼此产出和净出口变量的跨境影响路径得以随之相应变动，但最终主要是作用于两岸净出口变量的波动和协动特征，产出变量的表现相对不敏感；而在两岸技术冲击的相关性取值变动后，两岸产出变量的协动特征则会产生剧烈反应。由此可以认为，在（由两岸产出变量的跨境相关性所表征的）两岸经济周期协动性的形成过程中，供给层面的技术冲击相关性（也即在全球生产网络中两岸产业结构的关联性和市场地位的相似性）奠定了其基本格局，两岸贸易规模、贸易结构仅仅起到了辅助性的联结和传导作用。换言之，高强度的两岸贸易往来以及两岸公权力部门致力于推进经贸关系正常化和便利化的制度性安排（如签署 ECFA），并未成为提升两岸经济周期协动性的充分条件（甚至也无法作为其必要条件）。

　　六、结论

　　本文基于一个标准的国际实际经济周期模型（动态随机一般均衡）分析框架，呈现两岸经济交互作用过程，并据以考察两岸生产分工和贸易往来格局对于两岸经济周期协动性的传导机制；模型中有关多边框架和各方经济体不对称参数赋值的设定，对于有效识别大陆和台湾地区经济周期波动特征的特异性发挥了显著作用。模型预测结果与实际经济的对比分析表明，两岸RBC 模型可以复制两岸经济周期波动及其协动性的多数特征事实，尤其在拟合两岸产出变量的周期波动特性方面表现良好，对于产出、净出口变量与其他宏观经济变量之间的波动相关性以及两变量的跨境相关性也给出了较好的预测结果。模型变量对于三方外生技术冲击的动态响应分析结果表明，两岸之间的技术冲击效应是不对称的，两岸经济体对于其他经济体技术冲击的响应动态也截然相反，显示两岸经济结构仍然以异质性为主要特征，而其他经济体才是台湾宏观经济周期波动的主要外部冲击来源。针对基准模型参数变动的数值模拟实验结果则表明，虽然不同参数取值都会对外生技术冲击对于系统变量的跨境影响路径产生一定干扰，但两岸外生技术冲击的相关性最终对两岸产出变量的协动特征发挥了至为关键的作用，由此奠定了两岸经济周期协动性的基本格局。

在稍早的文献中，孙阳（2009）针对中国大陆与其 16 个主要贸易伙伴的研究发现，贸易并非促动中国大陆与其他国家（地区）经济周期协动的主要因素，并认为与中国加工贸易的特征有关；肖威和刘德学（2013）针对中国大陆与其 38 个贸易伙伴的研究发现，垂直专业化分工是影响国际经济周期协动性的最重要变量，标准的双边贸易指数则不再显著，产业内贸易甚至产生负向影响。本文的研究进一步印证了上述观点：目前两岸贸易已经形成较高强度，尤其是台湾地区对大陆地区的出口比重已经接近 30%（按照大陆统计口径甚至已经高达 40%），但台湾外贸并未真正依赖于大陆最终市场；在经济全球化过程中，大陆对外贸易表现出对于台湾地区对外贸易的替代效应，而实际上则是通过将产业链延伸至大陆，台湾地区的对外贸易最终借由大陆地区的外贸渠道（即加工出口方式）与全球市场形成联结——在此格局下，两岸贸易在传导两岸经济周期波动中并不能发挥显著作用。另一方面，虽然两岸经济结构仍然存在较大差异，两岸之间外生技术冲击的相关性不强，但通过密切的（垂直）生产分工与产业整合，两岸经济体在全球生产网络中所处地位的关联性越来越强，由此导致二者同时遭受全球经济冲击的频率越来越接近，经济周期波动因而日益表现出同步性。

综合而言，不论在双向贸易、还是在双向投资方面，两岸经济关系都仅处于"浅层"相互依存状态，两岸经济周期协动性也以间接性（而非直接性）、表象性（而非实质性）为主要特征；如果某一方经济体受到地区内部的特异冲击（如需求冲击），当前的两岸贸易联结和资本联结并不足以发挥两岸之间经济周期波动的传导功能。即便如此，近 30 年来两岸经贸交流强度的提升伴随着两岸经济周期协动性的日益显现，毕竟已经成为客观事实。两岸经济体对于全球经济冲击的响应动态的相关性，显示两岸在参与全球生产分工和市场开拓中实现合作共赢的格局已经初步形成。未来在推动两岸经贸关系发展以及经济一体化政策设计过程中，更宜关注于两岸宏观经济运行的根源动力机制；以本文研究结论为依据，则是从宏观经济系统的供给面着手，为两岸产业合作的拓展与深化创造制度条件，推动两岸产业结构的协同转型升级和技术进步；同时，切实推动大陆台资企业转变经营模式，变加工出口为自创品牌，并不断开拓大陆内需市场。唯有台湾地区对于大陆的经济依赖，从"要素依赖"转变为"市场依赖",进而上升到"技术依赖",由两岸经济周期协动性所反映的两岸经济相互依存关系才能具备实质意涵;彼时两岸也将有望建立针对全球经济冲击的协同预警机制和宏观经济政策协调机制。

　　本文研究仍然存在不足之处,为了提高两岸 RBC 模型对于两岸经济周期协动性特征事实的拟合效果,未来可以在考虑以下方面对模型结构加以改进:一是引入各方经济体在需求层面的特异冲击,以便更全面考察模型的响应动态;二是改变关于国际资本市场的设定,纠正消费和投资变量的跨境协动性表现;三是根据现实的产业梯度转移模式设置各方生产部门的差异化结构,据此反映台湾、大陆和其他经济体之间的垂直生产分工与"三角贸易"格局。在条件允许时,还可对(大陆)宏观经济数据的质量加以系统诊断和评估,尽可能地消除由统计缺陷造成的对于相关时间序列数据波动特征的干扰,以确保客观和准确地测算两岸经济周期协动性的一系列特征事实。